चुनिंदा अशआर

बशीर बद्र

वाणी प्रकाशन

वाणी प्रकाशन

4695, 21-ए, दरियागंज, नयी दिल्ली 110 002

फ़ोन : +91 11 23273167 फ़ैक्स : +91 11 23275710

शाखाएँ

अशोक राजपथ, पटना 800 004, बिहार

कॉफ़ी हाउस कैम्पस, महात्मा गांधी मार्ग, इलाहाबाद 211 001, उत्तर प्रदेश

महात्मा गांधी अन्तरराष्ट्रीय हिन्दी विश्वविद्यालय, वर्धा 442 001, महाराष्ट्र

सुल्तानिया रोड, मोतिया पार्क, भोपाल 462 001, मध्य प्रदेश

www.vaniprakashan.com
marketing@vaniprakashan.in
sales@vaniprakashan.in

Chuninda Ashaar
by Bashir Badra

ISBN : 978-93-5229-310-0
Ghazals

संस्करण 2000, 2012
तृतीय 2021

मूल्य : ₹ 250

आर. टेक ऑफ़सेट प्रिंटर्स, दिल्ली-110032 में मुद्रित

वाणी प्रकाशन का लोगो मक़बूल फ़िदा हुसेन की कूची से

Intisaab

To my wife Dr. Rahat Badr

***Poetry** is, or should be, a heart to heart talk. The poet passionately feels and then he transforms his feelings into words. The reader reads the words and experiences the feelings at his end. Language thus serves as a bridge between hearts, as a carrier of feelings. Language can also become a barrier, as several of my South Indian fans complained because they were unable to enjoy my poetry due to the language problem. This inspired me to write this book in three languages, Hindi, Urdu, English, so that more and more people can read and enjoy my select couplets compiled in this book.*

Dr. Bashir Badr

हज़ार सफ़्हों का दीवान कौन पढ़ता है
बशीर बद्र कुई इन्तिख़ाब दे जाओ

बशीर बद्र

रहबर जौनपुरी

डाक्टर बशीर बद्र एहदे जदीद के ऐसे मुनफ़रिद और अज़ीम ग़ज़ल गो शायर हैं जिन्होंने उर्दू शायरी को नई लफ़्ज़ियात और नई जेहत अता की है। इक्कीसवीं सदी के ग़ज़ल गो शोअरा में डा. बशीर बद्र का नाम न सिर्फ़ नुमायां है बल्कि एक नये उस्लूब का मज़हर भी है। उन्हें आलमी सत्ह पर जो मक़बूलियत और शोहरत हासिल हुई है वोह इस बात की शाहिद है कि उन्होंने ग़ज़ल की महबूबियत को कभी नज़र अंदाज़ नहीं किया और इसमें हमेशा अपनी जिद्दत से ऐसे नये नये रंग भरे जो अपने अंदर दिलों को जीतने की कूव्वत रखते हैं। उन की ग़ज़ल का यह इन्तिख़ाब ऐसा इन्तिख़ाब है जो कमो-बेश आफ़ाक़ी शोहरत का हामिल है।

ग़ालिब ने उन्नीसवीं सदी और बशीर बद्र ने अपनी जाती हुई बीसवीं और आती हुई इक्कीसवीं सदी में मुकम्मल लिसानी शऊर के साथ अपने तख़्लीक़ी अमल से ग़ज़ल को नया पैकर अता किया है। दोनों के फ़िक्रो फ़न की तमाम आज़ादरवी ग़ज़ल की शरीअत की पाबंद है। इसी लिये तो बशीर बद्र ने यह इक़रार किया है।

"मैं हर लम्हे में सदियां देखता हूं"

अपना शेरी मजमूआ तर्तीब देते वक़्त डाक्टर बशीर बद्र निहायत ग़ौरो फ़िक्र के साथ अपनी ग़ज़लों का एहतिसाब करते हैं और अक्सर तुन्द (loud) लेहजे के शेरों को या तो हज़्फ़ कर देते हैं या फ़िर अपने उन नक़्क़ादों के लिये छोड़ देते हैं जो बशीर बद्र के

तमाम मतबूआ कलाम को हमेशा अपनी नज़र में रखते हैं। आलमी पैमाने पर अमरीका जिस तरह नुमायां हुआ उस का इशारा बशीर बद्र के मुन्दर्जा ज़ैल शेरों से मिलता है। जो उन्होंने उर्दू दुनिया के मैआरी रसाइल, मसलन नक़ूश लाहौर, नया दौर कराची, और शायर बम्बई वग़ैरह में शाया तो कराये हैं लेकिन उन्हें अपने मजमुओं में यक्सर नज़र अंदाज़ कर दिया है। सन 1992 ई. में नक़ूश लाहौर में उनकी ग़ज़ल का यह शेर दलील के तौर पर पेश किया जा सकता है

आग पर रक़्स करने में यक्ता है तू
बर्फ़ पर पांव तेरा फिसल जायेगा

सन 1992 ही में उन्होंने इस शेर में यह पेशेनगोई की थी जो बिन लादेन के वसीले से आलमी अल्मिया बन गई।

ले जाके आसमां पे सितारों के आस पास
अमरीका को गिरायेगी इक्कीसवीं सदी

उनकी यह ग़ज़ल उनके शेरी मजमुए जो कराची से तक़्रीबन तेरह साल पहले शाया हुआ है उसमें शामिल है। इसके दीगर अशआर इस तरह हैं :-

आहन में ढलती जायेगी इक्कीसवीं सदी • फिर भी ग़ज़ल सुनायेगी इक्कीसवीं सदी
बग़दाद, दिल्ली, मास्को, लंदन, के दर्मियान • बारूद भी बिछायेगी इक्कीसवीं सदी
जल कर जो राख हो गईं दंगों में इस बरस • उन झुग्गियों में आयेगी इक्कीसवीं सदी
इक यातरा ज़रूर हो निन्नानवे के पास • रथ पर सवार आयेगी इक्कीसवीं सदी
कम्प्यूटरों से ग़ज़लें लिखेंगे बशीर बद्र • ग़ालिब को भूल जायेगी इक्कीसवीं सदी

डा. बशीर बद्र के शेरों की मक़बूलियत आज उस मक़ाम पर है जहां सद्रे जम्हूरिया के.आर. नारायनन प्रेस कान्फ्रेंस में अपनी बातों को वाज़ेह करने के लिये उनका सहारा लेते हैं। सन 1960 ई. में मशहूर अदाकारः मीना कुमारी के अपने क़लम से लिखा हुआ यह शेर फ़िल्म फ़ेयर में शाया हुआ था :-

उजाले अपनी यादों के हमारे साथ रहने दो
न जाने किस गली में ज़िन्दगी की शाम हो जाये

एक मर्तबा मेरे एक सवाल के जवाब में उन्होंने फ़र्माया। "मैं ज़िन्दगी में रानी झांसी की दीवाना साज़ जुर्अत का एहतेराम करता हूं और अपने फ़न के तईं लताजी की मुसलसल जद्दो रियाज़त का क़ाइल हूं।"

मैं ने पूछा आप के तख़लीक़ी अमल में वाज़ेह और शऊरी तौर पर हद बंदियां क्या हैं? क्या आपका अपना तख़लीक़ी अमल बेसाख़्तगी में आवुर्द नहीं बन जाता? तो उन का जवाब थाः-

"इंसानी फ़न की हदें होती हैं। हर्फ़े आख़िर और लामहदूद सिर्फ़ खुदा का तख़्लीक़ी अमल ही होता है।"

डा. बशीर बद्र जहां अवाम के महबूब शायर हैं वहीं वोह ख़वास में भी बेहद पसंद किये जाते हैं। उनके बेशतर अशआर बड़े लोगों की ज़बान पर रहते हैं। मुज़फ़्फ़र पुर के एक साहब ने एक सफ़र के दौरान बताया कि एक तक़रीब में जहां शहंशाहे जज्बात जनाब दिलीप कुमार बतौर मेहमाने खुसूसी शरीक थे जब उनसे उनके भाई ने आटोग्राफ़ लिया तो उन्होंने सिर्फ दो लफ़्ज़ ही "उजाले अपनी"..... लिख कर बशीर बद्र लिखा फिर नीचे अपने दस्तख़त कर दिये। ग़ालिबन दिलीप साहब का यह अमल उस तरफ़ इशारा करता है कि "उजाले" जैसा लफ़्ज़ अमूमन बशीर बद्र के नाम से मन्सूब हो गया है।

डाक्टर बशीर बद्र के मुन्दर्जा ज़ैल अशआर नक़ूश लाहौर के शुमारह 140-142 में 1990-1991 में शाया हुये थे।

ये राम जन्म भूमि का लहू ये बाबरी मस्जिद की लाशें
तुम इन को मज़हब कहते हो हम इन को सियासत कहते हैं

इसी तरह उन का नीचे लिखा हुआ यह शेर उनके शेरी

मजमुआ, मतबुआ, कराची (पाकिस्तान) में मिलता है

इक मीर था सो आज भी काग़ज़ में क़ैद है
हिन्दी ग़ज़ल का दूसरा अवतार मैं ही हूं

जब यह शेर तख़्लीक़ी अमल से गुज़रा उस वक़्त उनके बहुत कम अशआर हिन्दी में छपे थे लेकिन आज उनके दस से ज़्यादा शेरी मजमुए हिन्दी के सबसे बड़े पब्लिशरों मसलन 'वानी प्रकाशन' देहली और 'राजपाल' देहली ने शाया किये हैं। हिन्दी के अज़ीम नक़्क़ाद नामवर सिंह का क़ौल है कि आज दुनिया में ग़ज़ल के सब से मशहूर शायर बशीर बद्र ही हैं।

मुझे उम्मीद है उनके हज़ारों अशआर में से मुन्तख़ब किये गये यह चन्द सौ अशआर जो पहली मर्तबा अपनी निराली आबो-ताब के साथ आप तक पहुंचे हैं एक बेशबहा तोहफ़ा साबित होंगे।

***

उजाले अपनी यादों के हमारे साथ रहने दो
न जाने किस गली में ज़िन्दगी की शाम हो जाए

اُجالے اپنی یادوں کے ہمارے ساتھ رہنے دو
نہ جانے کس گلی میں زندگی کی شام ہو جائے

Ujale apni yaadon key hamaare saath rahne do
Na jane kis gali mein zindagi ki shaam ho jaaye

दुश्मनी जम कर करो लेकिन ये गुंजाइश रहे
जब कभी हम दोस्त हो जाएँ तो शर्मिन्दा न हों

دشمنی جم کر کرو لیکن یہ گنجائش رہے
جب کبھی ہم دوست ہو جائیں تو شرمندہ نہ ہوں

Dushmani jam kar karo lekin yeh gunjaish rahe
Jab kabhi ham dost ho jaayen to sharminda na hon

मुसाफ़िर हैं हम भी मुसाफ़िर हो तुम भी
किसी मोड़ पर फिर मुलाक़ात होगी

مسافر ہیں ہم بھی مسافر ہو تم بھی
کسی موڑ پر پھر ملاقات ہوگی

Musaafir hain ham bhi musaafir ho tum bhi
Kisi mor par phir mulaqaat hogi

दुश्मनी का सफ़र इक क़दम दो क़दम
तुम भी थक जाओगे हम भी थक जाएँगे

دشمنی کا سفر اک قدم دو قدم
تم بھی تھک جاؤگے ہم بھی تھک جائیں گے

Dushmani ka safar ik qadam do qadam
Tum bhi thak jaoge ham bhi thak jaayenge

हम भी दरया हैं हमें अपना हुनर मालूम है
जिस तरफ़ भी चल पड़ेंगे रास्ता हो जाएगा

ہم بھی دریا ہیں ہمیں اپنا ہنر معلوم ہے
جس طرف بھی چل پڑیں گے راستہ ہو جائے گا

Ham bhi darya hain hamen apna hunar maaloom hai
Jis taraf bhi chal parenge raasta ho jaayega

ज़िन्दगी तूने मुझे क़ब्र से कम दी है ज़मीं
पाँव फैलाऊँ तो दीवार में सर लगता है

زندگی تو نے مجھے قبر سے کم دی ہے زمیں
پاؤں پھیلاؤں تو دیوار میں سر لگتا ہے

Zindagi toone mujha qabr se kam di hai **zamin**
Paon phailaoon to divaar mein sar lagta hai

जिस दिन से चला हूँ मिरी मंज़िल पे नज़र है
आँखों ने कभी मील का पत्थर नहीं देखा

جس دن سے چلا ہوں مری منزل پہ نظر ہے
آنکھوں نے کبھی میل کا پتھر نہیں دیکھا

Jis din se chala hoon miri manzil pe nazar, hai
Aankhon ne kabhi meel ka patthar nahin dekha

कुछ तो मजबूरियाँ रही होंगी
यूँ कुई बेवफ़ा नहीं होता
کچھ تو مجبوریاں رہی ہونگی
یوں کوئی بے وفا نہیں ہوتا
Kuchh to majbooriyan rahi hongi
Yun koi bewafa nahin hota

जी बहुत चाहता है सच बोलें
क्या करें हौसला नहीं होता
جی بہت چاہتا ہے سچ بولیں
کیا کریں حوصلہ نہیں ہوتا
Jee bahut chaahta hai such bolen
Kya karen hosla nahin hota

बड़ेलोगों से मिलने में हमेशा फ़ासला रखना
जहाँ दरया समुन्दर से मिला, दरया नहीं रहता
بڑے لوگوں سے ملنے میں ہمیشہ فاصلہ رکھنا
جہاں دریا سمندر سے ملا، دریا نہیں رہتا
Bare logon se milne mein hamesha faasla rakhna
Jahan darya samundar se mila darya nahin rahta

कई सितारों को मैं जानता हूँ बचपन से
कहीं भी जाऊँ मिरे साथ-साथ चलते हैं

کئی ستاروں کو میں جانتا ہوں بچپن سے
کہیں بھی جاؤں مرے ساتھ ساتھ چلتے ہیں

Kai sitaron ko main jaanta hoon bachpan se
Kahin bhi jaoon mire saath saath chalte hain

दुनिया में कहीं उनकी तालीम नहीं होती
दो चार किताबों को घर में पढ़ा जाता है

دنیا میں کہیں ان کی تعلیم نہیں ہوتی
دوچار کتابوں کو گھر میں پڑھا جاتا ہے

Duniya mein kahin unki taaleem nahin hoti
Dochaar kitaabon ko ghar mein parha jaata hai

उसके लिए तो मैंने यहाँ तक दुआयें कीं
मेरी तरह से कोई उसे चाहता भी हो

اُس کے لئے تو میں نے یہاں تک دعائیں کیں
میری طرح سے کوئی اسے چاہتا بھی ہو

Uske liye to main ne yahan tak duayen kin
Meri tarah se koee usey chaahta bhi ho

उन्हीं रास्तों ने, जिन पर कभी तुम थे साथ मेरे
मुझे रोक-रोक पूछा, तिरा हमसफ़र कहाँ है

انھیں راستوں نے جن پر کبھی تم تھے ساتھ میرے
مجھے روک روک پوچھا، ترا ہمسفر کہاں ہے

Unhin raaston ne jin par kabhi tum the saath mere
Mujhe rok rok poochha tira humsafar kahan hai

आसमाँ भर गया परिन्दों से,
पेड़ कोई हरा गिरा होगा

آسماں بھر گیا پرندوں سے
پیڑ کوئی ہرا گرا ہوگا

Aasman bhar gaya parindon se
Per koee hara gira hoga

हम-से मजबूर का गुस्सा भी अजब बादल है
अपने ही दिल से उठे, अपने ही दिल पर बरसे

ہم سے مجبور کا غصہ بھی عجب بادل ہے
اپنے ہی دل سے اٹھے، اپنے ہی دل پر برسے

Ham se majboor ka gussa bhi ajab baadal hai
Apne hi dil se uthe apne hi dil par barse

जिसे ले गई है अभी हवा वो वरक़ था दिल की किताब का
कहीं आँसुओं से मिटा हुआ, कहीं आँसुओं से लिखा हुआ

جسے لے گئی ہے ابھی ہوا وہ ورق تھا دل کی کتاب کا
کہیں آنسوؤں سے مٹا ہوا، کہیں آنسوؤں سے لکھا ہوا

Jise le gai hai abhi hawa woh waraq tha dil ki kitaab ka
Kahin aansuon se mita hua kahin aansuon se likha hua

आँखों में रहा, दिल में उतर कर नहीं देखा
कश्ती के मुसाफ़िर ने समन्दर नहीं देखा

آنکھوں میں رہا دل میں اتر کر نہیں دیکھا
کشتی کے مسافر نے سمندر نہیں دیکھا

Aankhon mein raha, dil mein utar kar nahin dekha
Kashti key musaafir ne samundar nahin dekha

पत्थर मुझे कहता है मिरा चाहने वाला
मैं मोम हूँ, उसने मुझे छूकर नहीं देखा

پتھر مجھے کہتا ہے مرا چاہنے والا
میں موم ہوں اُس نے مجھے چھو کر نہیں دیکھا

Patthar mujhe kahta hai mira chahne waala
Main mom hoon, usne mujhe chhookar nahin dekha

पलकें भी चमक उठती हैं सोते में हमारी
आँखों को अभी ख़्वाब छुपाने नहीं आते

پلکیں بھی چمک اٹھتی ہیں سوتے میں ہماری
آنکھوں کو ابھی خواب چھپانے نہیں آتے

Palken bhi chamak uthti hain sote mein hamaari
Aankhon ko abhi khwaab chhupane nahin aate

वो महकती पलकों की ओट से कोई तारा चमका था रात में
मिरी बंद मुट्ठी न खोलिए, वही कोहे-नूर है हाथ में

وہ مہکتی پلکوں کی اوٹ سے کوئی تارہ چمکا تھا رات میں
مری بند مٹھی نہ کھولیے، وہی کوہِ نور ہے ہاتھ میں

Woh mahakti palkon ki ot se koi taara chamka tha raat mein
Miri band [illegible]tthi na kholiye, wahi kohenoor hai haath mein

मैं तमाम तारे उठा-उठा के ग़रीब लोगों में बाँट दूँ
कभी एक रात वो आसमाँ का निज़ाम दे मिरे हाथ में

میں تمام تارے اٹھا اٹھا کے غریب لوگوں میں بانٹ دوں
کبھی ایک رات وہ آسماں کا نظام دے مرے ہاتھ میں

Main tamaam tare utha utha ke gareeb logon mein baant dun
Kabhi eik raat woh aasman ka nizaam de mire haath mein

बहुत गुबार भरा था दिलों में दोनों के
मगर वो एक ही बिस्तर पे रात सोये भी

بہت غبار بھرا تھا دلوں میں دونوں کے
مگر وہ ایک ہی بستر پہ رات سوئے بھی

Bahut gubar bhara tha dilon mein donon key
Magar woh ek hi bistar pe raat soye bhi

वो ज़ाफ़रानी पुलोवर उसी का हिस्सा है
कोई जो दूसरा पहने तो दूसरा ही लगे

وہ زعفرانی پلوور اسی کا حصہ ہے
کوئی جو دوسرا پہنے تو دوسرا ہی لگے

Woh zafrani pullover usi ka hissa hai
Koi jo doosra pahne to doosra hi lage

शोहरत की बुलन्दी भी पल भर का तमाशा है
जिस डाल पे बैठे हो, वो टूट भी सकती है

شہرت کی بلندی بھی پل بھر کا تماشہ ہے
جس ڈال پہ بیٹھے ہو، وہ ٹوٹ بھی سکتی ہے

Shohrat ki bulandi bhi pal bhar ka tamaasha hai
Jis daal pe baithe ho, woh toot bhi sakti hai

ये फूल मुझे कोई विरासत में मिले हैं
तुमने मिरा काँटों भरा बिस्तर नहीं देखा

یہ پھول مجھے کوئی وراثت میں ملے ہیں
تم نے مرا کانٹوں بھرا بستر نہیں دیکھا

Yeh phool mujhe koee viraasat mein mile hain
Tum ne mira kaanton bhara bistar nahin dekha

पहली बार नज़रों ने चाँद बोलते देखा
हम जवाब क्या देते, खो गए सवालों में

پہلی بار نظروں نے چاند بولتے دیکھا
ہم جواب کیا دیتے، کھو گئے سوالوں میں

Pahli bar nazron ne chaand bolte dekha
Ham jawaab kya dete, kho gaye sawaalon mein

कभी यूँ भी आ मिरी आँख में कि मिरी नज़र को ख़बर न हो
मुझे एक रात नवाज़ दे, मगर उसके बाद सहर न हो

کبھی یوں بھی آ مری آنکھ میں کہ مری نظر کو خبر نہ ہو
مجھے ایک رات نواز دے، مگر اس کے بعد سحر نہ ہو

Kabhi yun bhi aa miri aankh mein ke miri nazar ko khabar na ho
Mujhe ek raat nawaaz de, magar uske bad sahar na ho

मुहब्बतों में दिखावे की दोस्ती न मिला
अगर गले नहीं मिलता तो हाथ भी न मिला

محبتوں میں دکھاوے کی دوستی نہ ملا
اگر گلے نہیں ملتا تو ہاتھ بھی نہ ملا

Mohabbton mein dikhawe ki dosti na mila
Agar gale nahin milta to haath bhi na mila

सर झुकाओगे तो पत्थर देवता हो जाएगा
इतना मत चाहो उसे, वो बेवफ़ा हो जाएगा

سر جھکاؤگے تو پتھر دیوتا ہو جائے گا
اتنا مت چاہو اسے، وہ بے وفا ہو جائے گا

Sar jhukaoge to patthar deota ho jaayega
Itna mat chaaho use, woh bewafa ho jaayega

अब मिले हम तो कई लोग बिछड़ जायेंगे
इन्तिज़ार और करो अगले जनम तक मेरा

اب ملے ہم تو کئی لوگ بچھڑ جائیں گے
انتظار اور کرو اگلے جنم تک میرا

Ab mile ham to kai log bichhar jaayenge
Intizaar aur karo agle janam tak mera

वो चाँदनी का बदन, खुशबुओं का साया है
बहुत अज़ीज़ हमें है मगर पराया है

وہ چاندنی کا بدن، خوشبوؤں کا سایا ہے
بہت عزیز ہمیں ہے مگر پرایا ہے

Woh chaandni ka badan, khushbuon ka saaya hai
Bahut aziz hamen hai magar paraya hai

परखना मत, परखने में कोई अपना नहीं रहता
किसी भी आईने में देर तक चेहरा नहीं रहता

پرکھنا مت، پرکھنے میں کوئی اپنا نہیں رہتا
کسی بھی آئینہ میں دیر تک چہرہ نہیں رہتا

Parakhna mat, parakhne mein koi apna nahin rahta
Kisi bhi aaine mein der tak chehra nahin rahta

लोग टूट जाते हैं एक घर बनाने में
तुम तरस नहीं खाते बस्तियाँ जलाने में

لوگ ٹوٹ جاتے ہیں ایک گھر بنانے میں
تم ترس نہیں کھاتے بستیاں جلانے میں

Log toot jate hain ek ghar banane mein
Tum taras nahin khaate bastiyan jalanen mein

ये मेरी उम्र का बूढ़ा मुझे बच्चा सा लगता है
उठेगा और फिर तितली के पीछे भाग जाएगा

یہ میری عمر کا بوڑھا مجھے بچّہ سا لگتا ہے
اٹھے گا اور پھر تتلی کے پیچھے بھاگ جائے گا

Yeh meri umr ka boorha mujhe bachcha sa lagta hai
Uthega aur phir titli key peechhe bhaag jaayega

मिरी क्लास में अब तक हैं मीरो मीरा भी
न कोई पास हुआ है, न कोई फ़ेल हुआ

مری کلاس میں اب تک ہیں میرؔ و میراؔ بھی
نہ کوئی پاس ہوا ہے نہ کوئی فیل ہوا

Miri class mein ab tak hain meero meera bhi
Na koi pass hua hai na koi fail hua

ख़ुदा, महबूब, शौहर, बाल बच्चे
ग़ज़ल दिलदार औरत हो गयी है

خُدا، محبوب، شوہر، بال بچّے
غزل دلدار عورت ہو گئی ہے

Khuda, mehboob, shauhar, baal bachche
Gazal dildaar aurat ho gai hai

उसे किसी की मुहब्बत का ऐतिबार नहीं
उसे ज़माने ने शायद बहुत सताया है

اسے کسی کی محبت کا اعتبار نہیں
اسے زمانے نے شاید بہت ستایا ہے

Usey kisi ki mohabbat ka etbaar nahin
Usey zamane ne shaayad bahut sataya hai

अख़बार में तो ऐसी कोई ख़बर नहीं थी
झुल्से मकान झूटे अफ़्साने कह रहे हैं

اخبار میں تو ایسی کوئی خبر نہیں تھی
جھلسے مکان جھوٹے افسانے کہہ رہے ہیں

Akhbaar mein to aisi koee khabar nahin thi
Jhulse makaan jhoote afsaane kah rahe hain

गुरूर उस पे बहुत सजता है, मगर कह दो
इसी में उसका भला है गुरूर कम कर दे

غرور اس پہ بہت سجتا ہے مگر کہہ دو
اسی میں اس کا بھلا ہے غرور کم کر دے

Guroor us pe bahut sajta hai, magar kah do
Isi mein uska bhala hai guroor kam kar de

गर्म कपड़ों का सन्दूक़ मत खोलना, वर्ना यादों की काफ़ूर जैसी महक
ख़ून में आग बन कर उतर जायेगी, सुब्ह तक ये मकाँ ख़ाक हो जायगा

گرم کپڑوں کا صندوق مت کھولنا ورنہ یادوں کی کافور جیسی مہک
خون میں آگ بن کر اتر جائیگی، صبح تک یہ مکاں خاک ہو جائیگا

Garm kapron ka sandooq mat kholna, war na yaadon ki kaafoor jaisi mahak
Khoon mein aag bankar utar jaaegi, subh tak yeh makan khaak ho jaayega

जैसे कि सारे शहर की बिजली चली गई
आँखें खुली खुली थीं मगर सूझता न था

جیسے کہ سارے شہر کی بجلی چلی گئی
آنکھیں کھلی کھلی تھیں مگر سوجھتا نہ تھا

Jaise ke saare shehr ki bijli chali gai
Aankhen khuli khuli thin magar soojhta na tha

लॉन में कोई भी बेल ऐसी नहीं, जो देहाती परिंदे के पर बांध ले
जंगली आम की जान लेवा महक जब बुलायेगी वापस चला जायेगा

لان میں کوئی بھی بیل ایسی نہیں، جو دیہاتی پرندے کے پر باندھ لے
جنگلی آم کی جان لیوا مہک جب بلائے گی واپس چلا جائے گا

Lawn mein koee bhi bel aisi nahin, jo dehaati parinde key par baandh le
Jangli aam ki jaanlewa mahak jab bulaaegi waapas chala jaayega

चाहे कोई मौसम हो दिन गई बहारों के फिर से लौट आयेंगे
एक फूल की पत्ती अपने होंट पर रख कर मेरे होंट पर रख दो

چاہے کوئی موسم ہو دن گئی بہاروں کے پھر سے لوٹ آئینگے
ایک پھول کی پتی اپنے ہونٹ پر رکھ کر میرے ہونٹ پر رکھ دو

Chaahe koee mausam ho din gai bahaaron key phir se laut aayenge
Ek phool ki patti apne hont par rakh kar mere hont par rakh do

उसे उर्दू में तुमने ख़त लिखा है
तुम्हारी इतनी हिम्मत हो गई है

اسے اردو میں تم نے خط لکھا ہے
تمھاری اتنی ہمت ہو گئی ہے

Use urdu mein tumne khat likha hai
Tumhaari itni himmat ho gai hai

रोज़ तार कटने से रात के समुन्दर में शहर डूब जाता है
इसलिए ज़रूरी है इक दिया जला कर तुम दिल के ताक़ पर रख दो

روز تار کٹنے سے رات کے سمندر میں شہر ڈوب جاتا ہے
اس لئے ضروری ہے اک دیا جلا کر تم دل کے طاق پر رکھ دو

Roz taar katne se raat key samundar mein shehr doob jaata hai
Is liye zaroori hai ik diya jalakar tum dil key taaq par rakh do

फूल से आशिक़ी का हुनर सीख ले
तितलियाँ ख़ुद रुकेंगी सदायें न दे

پھول سے عاشقی کا ہنر سیکھ لے
تتلیاں خود رکیں گی صدائیں نہ دے

Phool se aashiqi ka hunar seekhle
Titliyan khud rukengi sadaaen na de

बहुत अजीब है ये क़ुर्बतों की दूरी भी
वो मेरे साथ रहा और मुझे कभी न मिला

بہت عجیب ہے یہ قربتوں کی دوری بھی
وہ میرے ساتھ رہا اور مجھے کبھی نہ ملا

Bahut ajeeb hai yeh qurbaton ki doori bhi
Woh mere saath raha aur mujhe kabhi na mila

ख़ुदा की इतनी बड़ी काइनात में मैंने
बस एक शख़्स को माँगा मुझे वही न मिला

خدا کی اتنی بڑی کائنات میں میں نے
بس ایک شخص کو مانگا مجھے وہی نہ ملا

Khuda ki itni bari kaainaat mein maine
Bas ek shakhs ko manga mujhe wahi na mila

सारे दिन की तपी साहिली रेत पर दो तड़पती हुई मछलियाँ सो गयीं
अपने मिलने की वो आख़िरी शाम थी, लहरें आती रहीं लहरें जाती रही

سارے دن کی تپی ساحلی ریت پر دو تڑپتی ہوئی مچھلیاں سو گئیں
اپنے ملنے کی وہ آخری شام تھی، لہریں آتی رہیں، لہریں جاتی رہیں

Saare din ki tapi sahili ret par do tarapti hui machhliyan so gain
Apne milne ki woh aakhiri shaam thi, lehren aati rahin lehren jati rahin

कभी बरसात में शादाब बेलें सूख जाती हैं
हरे पेड़ों के गिरने का कोई मौसम नहीं होता

کبھی برسات میں شاداب بیلیں سوکھ جاتی ہیں
ہرے پیڑوں کے گرنے کا کوئی موسم نہیں ہوتا

Kabhi barsaat mein shadaab belen sookh jati hain
Hare peron key girne ka koi mausam nahin hota

चाँद ने रात मुझको जगा कर कहा
एक लड़की तुम्हारा पता ले गयी

چاند نے رات مجھکو جگا کر کہا
ایک لڑکی تمھارا پتہ لے گئی

Chaand ne raat mujhko jagakar kaha
Ek larki tumhaara pata le gai

हज़ार साल का क़िस्सा तमाम कर डाला
ज़मीं का एक वरक़ आसमाँ ने मोड़ दिया

ہزار سال کا قصہ تمام کر ڈالا
زمیں کا ایک ورق آسماں نے موڑ دیا

Hazaar saal ka qissa tamaam kar dala
Zamin ka ek waraq aasman ne mor diya

लहरों पे एक दिन तेरी तस्वीर आएगी
कागज़ को हमने आज नदी में बहा दिया

لہروں پہ ایک دن تری تصویر آئیگی
کاغذ کو ہم نے آج ندی میں بہا دیا

Lehron pe ek din teri tasweer aayegi
Kaagaz ko hamne aaj nadi mein baha diya

गुलाबों की तरह शबनम में अपना दिल भिगोते हैं
मुहब्बत करने वाले ख़ूबसूरत लोग होते हैं

گلابوں کی طرح شبنم میں اپنا دل بھگوتے ہیں
محبت کرنے والے خوبصورت لوگ ہوتے ہیں

Gulaabon ki tarah shabnam mein apna dil bhigote hain
Mohabbat karne waale khubsoorat log hote hain

मैं इस ख़याल से उसके क़रीब आया था
कि दूसरों की तरह वो भी बेवफ़ा होगा

میں اس خیال سے اس کے قریب آیا تھا
کہ دوسروں کی طرح وہ بھی بے وفا ہوگا

Main is khayaal se uske qareeb aaya tha
Ke doosron ki tarah woh bhi bewafa hoga

दुनिया है बे पनाह तो भरपूर ज़िंदगी
दो औरतों के बीच में लेटा हुआ हूँ मैं

دنیا ہے بے پناہ تو بھرپور زندگی
دو عورتوں کے بیچ میں لیٹا ہوا ہوں میں

Duniya hai be pnaah to bharpoor zindagi
Do aurton ke beech mein leta hua hoon main

शाम के बाद बच्चों से कैसे मिलूँ
अब मेरे पास कोई कहानी नहीं

شام کے بعد بچّوں سے کیسے ملوں
اب مرے پاس کوئی کہانی نہیں

Shaam ke bad bachchon se kaise miloon
Ab mere paas koee kahani nahin

सुना के कोई कहानी हमें सुलाती थी
दुआओं जैसी बड़े पानदान की ख़ुशबू

سُنا کے کوئی کہانی ہمیں سلاتی تھی
دعاؤں جیسی بڑے پاندان کی خوشبو

Suna key koee kahaani hamein sulati thi
Duaon jaisi bare paandaan ki khushboo

घड़ी दो घड़ी हम को पलकों पे रख
यहाँ आते आते ज़माने लगे

گھڑی دو گھڑی مجھکو پلکوں پہ رکھ
یہاں آتے آتے زمانے لگے

Ghari do ghari hamko palkon pe rakh
Yahan aate aate zamaane lage

ख़ुदा ऐसे एहसास का नाम है
रहे सामने ओर दिखाई न दे

خدا ایسے احساس کا نام ہے
رہے سامنے اور دکھائی نہ دے

Khuda aise ehsaas ka naam hai
Rahe saamne aur dikhai na de

ये जो आसमान का फूल है, तिरी रहमतों का रसूल है
कुई एक मिसरा न कह सका, कभी इस ग़ज़ल के जवाब मैं

یہ جو آسمان کا پھول ہے، تری رحمتوں کا رسول ہے
کوئی ایک مصرع نہ کہہ سکا، کبھی اس غزل کے جواب میں

Yeh jo aasmaan ka phool hai, tiri rahmaton ka rasool hai
Koi ek misra na kah saka, kabhi is gazal key jawaab mein

कारों से झांकते हुए ख़ुशबू के पैरहन
पैदल के वास्ते वही 'डीज़ल' की ओढ़नी

کاروں سے جھانکتے ہوئے خوشبو کے پیرہن
پیدل کے واسطے وہی ''ڈیزل'' کی اوڑھنی

Caron se jhankte hue khushboo key perhan
Paidal key waaste wahi deezal ki orhni

चमकती है कहीं सदियों में आँसुओं से ज़मीं
ग़ज़ल के शेर कहाँ रोज़ रोज़ होते हैं

چمکتی ہے کہیں صدیوں میں آنسوؤں سے زمیں
غزل کے شعر کہاں روز روز ہوتے ہیں

Chamakti hai kahin sadiyon mein aansuon se zamin
Gazal key sher kahan roz roz hote hain

दिल की बस्ती पुरानी दिल्ली है
जो भी गुज़रा उसी ने लूटा है

دل کی بستی پرانی دلّی ہے
جو بھی گزرا اسی نے لوٹا ہے

Dil ki basti purani dilli hai
Jo bhi guzra usi ne loota hai

दुश्मन को भी ख़ुदा कभी ऐसा मकाँ न दे
ताज़ा हवा की जिसमें कहीं खिड़कियाँ न हों

دشمن کو بھی خدا کبھی ایسا مکاں نہ دے
تازہ ہوا کی جس میں کہیں کھڑکیاں نہ ہوں

Dushman ko bhi khuda kabhi aisa makan na de
Taaza hawa ki jic moin kahin khirkiyan na hon

मैं घर से जब चला तो किवाड़ों की ओट में
नर्गिस के फूल चाँद की बाहों में सो गये

میں گھر سے جب چلا تو کواڑوں کی اوٹ میں
نرگس کے پھول چاند کی بانہوں میں سو گئے

Main ghar se jab chala to kiwaron ki ot mein
Nargis key phool chaand ki baahon mein so gaye

हमारी बेबसी की इन्तहा है
कि ज़ालिम की हिमायत कर रहे हैं
ہماری بے بسی کی انتہا ہے
کہ ظالم کی حمایت کر رہے ہیں
Hamaari bebasi ki intiha hai
Ke zaalim ki himayat kar rahe hain

पके गेहूँ की ख़ुश्बू चीख़ती है
बदन अपना सुनेहरा हो चुका है
پکے گیہوں کی خوشبو چیختی ہے
بدن اپنا سنہرا ہو چکا ہے
Pake gehoon ki khushboo cheekhti hai
Badan apna sunehra ho chuka hai

आँसू कभी पलकों पर कुछ देर नहीं रुकते
उड़ जाते हैं ये पंछी जब शाख़ लचकती है
آنسو کبھی پلکوں پر کچھ دیر نہیں رکتے
اڑ جاتے ہیں یہ پنچھی جب شاخ لچکتی ہے
Aansoo kabhi palkon par kuchh der nahin rukte
Ur jate hain yeh panchhi jab shaakh lachakti hai

यूँ ही रोज़ मिलने की आरज़ू बड़ी रख रखाव की गुफ़्तगू
ये शराफ़तें नहीं बे ग़रज़ इसे आपसे कोई काम है
یوں ہی روز ملنے کی آرزو بڑی رکھ رکھاؤ کی گفتگو
یہ شرافتیں نہیں بے غرض اسے آپ سے کوئی کام ہے
Yun hi roz milne ki aarzoo bari rakh rakhao ki guftgoo
Yeh sharaafaten nahin be garaz ise aap se koi kaam hai

क़दीम क़स्बों में कैसा सुकून होता है
थके थकाए हमारे बुज़ुर्ग सोते हैं
قدیم قصبوں میں کیسا سکون ہوتا ہے
تھکے تھکائے ہمارے بزرگ سوتے ہیں
Qadeem qasbon mein kaisa sukoon hota hai
Thake thakaye hamaare buzurg sote hain

कुई नग़्मा धूप के गाँव सा कुई नग़्मा शाम की छाँव सा
ज़रा इन परिन्दों से पूछना ये कलाम किसका कलाम है
کوئی نغمہ دھوپ کے گاؤں سا کوئی نغمہ شام کی چھاؤں سا
ذرا ان پرندوں سے پوچھنا یہ کلام کس کا کلام ہے
Koi nagma dhoop key gaaon sa koi nagma shaam ki chhaon sa
Zara in parindon se poochhna yeh kalaam kiska kalaam hai

अबके आँसू आँखों से दिल में उतरे
रुख़ बदला दरिया ने कैसा बहने का

اب کے آنسو آنکھوں سے دل میں اترے
رُخ بدلا دریا نے کیسا بہنے کا

Abke aansoo aankhon se dil mein utre
Rukh badla darya ne kaisa bahne ka

मेरे बिस्तर पे सो रहा है कुई
मेरी आँखों में जागता है कुई

میرے بستر پہ سو رہا ہے کوئی
میری آنکھوں میں جاگتا ہے کوئی

Mere bistar pe so raha hai koi
Meri aankhon mein jagta hai koi

आँखें आँसू भरी पल्कें बोझल घनीं जैसे झीलें भी हों नर्म साये भी हों
वो तो कहिये उन्हें कुछ हँसी आगई बच गये आज हम डूबते डूबते

آنکھیں آنسو بھری پلکیں بوجھل گھنی جیسے جھیلیں بھی ہوں نرم سائے بھی ہوں
وہ تو کہیے انھیں کچھ ہنسی آ گئی بچ گئے آج ہم ڈوبتے ڈوبتے

Aakhein aansoo bhari palken bojhal ghani jaise jheelen bhi hon narm saaye bhi hon
Woh to kahiye unhen kuchh hansi aa gai bach gae aaj ham doobte doobte

वो शहसवार बड़ा रहम दिल था मेरे लिये
बढ़ा के नेज़ा ज़मीं से उठा लिया मुझको

وہ شہسوار بڑا رحم دل تھا میرے لیے
بڑھا کے نیزہ زمیں سے اٹھا لیا مجھکو

Woh shehsawaar bara rahm dil tha mere liye
Barha key neza zamin se utha liya mujhko

अज़ीम दुशमनो चाकू चलाओ मौक़ा है
हमारे हाथ हमारी कमर के पीछे हैं

عظیم دشمنو، چاقو چلاؤ موقع ہے
ہمارے ہاتھ ہماری کمر کے پیچھے ہیں

Azeem dushmano chaqoo chalao mauqa hai
Hamaare haath hamaari kamar ke peechhe hain

ता हदद‍े नज़र शहरे ख़मोशाँ के निशाँ हैं
अल्लाह मुसाफ़िर की कहाँ शाम हुई है

تا حدِّ نظر شہرِ خموشاں کے نشاں ہیں
اللہ مسافر کی کہاں شام ہوئی ہے

Taa hadde nazar shahre khamoshan key nishan hain
Allaah musafir ki kahan shaam hui hai

इसी शह्र में कई साल से मिरे कुछ क़रीबी अज़ीज़ हैं
उन्हें मेरी कोई ख़बर नहीं मुझे उनका कोई पता नहीं

اسی شہر میں کئی سال سے مرے کچھ قریبی عزیز ہیں
انھیں میری کوئی خبر نہیں مجھے ان کا کوئی پتہ نہیں

Isi shehr mein kai saal se mire kuchh qareebi aziz hain
Unhen meri koee khabar nahin mujhe unka koee pata nahin

किसके आँसू छुपे हैं फूलों में
चूमता हूँ तो होंट जलते हैं

کس کے آنسو چھپے ہیں پھولوں میں
چومتا ہوں تو ہونٹ جلتے ہیں

Kiske aansoo chhupe hain phoolon mein
Choomta hoon to hont jalte hain

कभी सात रंगों का फूल हूँ कभी धूप हूँ कभी धूल हूँ
मैं तमाम कपड़े बदल चुका तिरे मौसमों की बरात में

کبھی سات رنگوں کا پھول ہوں کبھی دھوپ ہوں کبھی دھول ہوں
میں تمام کپڑے بدل چکا ترے موسموں کی برات میں

Kabhi saat rangon ka phool hoon kabhi dhoop hoon kabhi dhool hoon
Main tamaam kapre badal chuka tire mausamon ki baraat mein

सुनसान रास्तों की सवारी न आयेगी
अब धूल से अटी हुई लारी न आयेगी

سنسان راستوں کی سواری نہ آئے گی
اب دھول سے اٹی ہوئی لاری نہ آئے گی

Sunsaan raaston ki sawaari na aayegi
Ab dhool se ati hui laari na aayegi

छप्पर के चाय ख़ाने भी अब ऊँघने लगे
पैदल चलो कि कोई सवारी न आयेगी

چھپّر کے چائے خانے بھی اب اونگھنے لگے
پیدل چلو کہ کوئی سواری نہ آئے گی

Chhappar key chaay khane bhi ab unghne lage
Paidal chalo ke koee sawaari na aayegi

मकाँ से क्या मुझे लेना मकाँ तुमको मुबारक हो
मगर ये घास वाला रेश्मी क़ालीन मेरा है

مکاں سے کیا مجھے لینا مکاں تم کو مبارک ہو
مگر یہ گھاس والا ریشمی قالین میرا ہے

Makan se kya mujhe lena makan tumko mubaarak h
Magar yeh ghaas waala reshmi qaaleen mera h

हम दिल्ली भी हो आए हैं लाहोर भी घूमे
ऐ यार मगर तेरी गली तेरी गली है

ہم دلی بھی ہو آئے ہیں لاہور بھی گھومے
اے یار مگر تیری گلی تیری گلی ہے

Ham dilli bhi ho aaye hain Lahore bhi ghoome
Ai yaar magar teri gali teri gali hai

रोटियाँ कच्ची पकीं कपड़े बहुत गन्दे धुले
मुझको पाकिस्तान की इस में शरारत सी लगी

روٹیاں کچی پکیں، کپڑے بہت گندے دُھلے
مجھکو پاکستان کی اس میں شرارت سی لگی

Rotiyan kachchi pakin kapre bahut gande dhule
Mujhko pakistaan ki is mein sharaarat si lagi

ज़हीन साँप सदा आस्तीं में रहते हैं
ज़बाँ से कहते हैं दिल से मुआफ़ करते नहीं

ذہین سانپ سدا آستیں میں رہتے ہیں
زباں سے کہتے ہیں دل سے معاف کرتے نہیں

Zaheen saanp sada aastin mein rahte hain
Zaban se kehte hain dil se muaaf karte nahin

ख़ूबसूरत ज़हीन बच्चों सा
वो है इक्कीस्वीं सदी की तरह

خوبصورت ذہین بچوں سا
وہ ہے اکیسویں صدی کی طرح

Khubsoorat zaheen bachchon sa
Woh hai ikkeeswin sadi ki tarah

सात सन्दूक़ों में भर कर दफ़्न कर दो नफ़रतें
आज इन्साँ को मोहब्बत की ज़रूरत है बहुत

سات صندوقوں میں بھر کر دفن کر دو نفرتیں
آج انساں کو محبت کی ضرورت ہے بہت

Saat sandooqon mein bhar kar dafn kar do nafraten
Aaj insan ko mohabbat ki zaroorat hai bahut

हँसी मासूम सी बच्चों की कापी में इबारत सी
हिरन की पीठ पर बैठे परिन्दे की शरारत सी

ہنسی معصوم سی بچوں کی کاپی میں عبارت سی
ہرن کی پیٹھ پر بیٹھے پرندے کی شرارت سی

Hansi masoom si bachchon ki copy mein ibarat si
Hiran ki peeth par baithe parinde ki sharaarat si

किसने जलाईं बस्तियां बाज़ार क्यों लुटे
मैं चाँद पर गया था मुझे कुछ पता नहीं

کس نے جلائیں بستیاں بازار کیوں لٹے
میں چاند پر گیا تھا مجھے کچھ پتہ نہیں

Kisne jalain bastiyan bazaar kyun lute
Mein chaand par gaya tha mujhe kuchh pata nahin

खुले से लॉन में सब लोग बैठें चाय पियें
दुआ करो कि खुदा हमको आदमी कर दे

کھلے سے لان میں سب لوگ بیٹھیں چائے پئیں
دعا کرو کہ خدا ہم کو آدمی کر دے

Khule se lawn mein sab log baithen chaay piyen
Dua karo ke khuda hamko aadmi kar de

जब कभी बादलों में घिरता है
चाँद लगता है आदमी की तरह

جب کبھی بادلوں میں گھرتا ہے
چاند لگتا ہے آدمی کی طرح

Jab kabhi baadlon mein ghirta hai
Chaand lagta hai aadmi ki tarah

है सर्दी वाक़ई लेकिन घने कुहरे की यूरिश में
पहाड़ों से उतरती इन बसों को कौन देखेगा

ہے سردی واقعی لیکن گھنے کہرے کی یورش میں
پہاڑوں سے اترتی ان بسوں کو کون دیکھے گا

Hai sardi waqai lekin ghane kohre ki yurish mein
Paharon se utarti in buson ko kaun dekhega

मेरी शोहरत सियासत से मेहफ़ूज़ है
ये तवाइफ़ भी इस्मत बचा ले गई

میری شہرت سیاست سے محفوظ ہے
یہ طوائف بھی عصمت بچا لے گئی

Meri shohrat siyaasat se mahfooz hai
Yeh tawaif bhi ismat bacha legai

वही ख़त कि जिस पे जगह जगह दो महक्ते होटों के चाँद थे
किसी भूले बिसरे सी ताक़ पर तहे गर्द होगा दबा हुआ

وہی خط کہ جس پہ جگہ جگہ دو مہکتے ہونٹوں کے چاند تھے
کسی بھولے بسرے سے طاق پر تہِ گرد ہوگا دبا ہوا

Wahi khat ke jis pe jagah jagah do mahakte honton key chaand the
Kisi bhoole bisre se taaq par tahe gard hoga daba hua

वो जैसे सर्दियों में गर्म कपड़े दे फ़क़ीरों को
लबों पर मुस्कुराहट थी मगर कैसी हिक़ारत सी

وہ جیسے سردیوں میں گرم کپڑے دے فقیروں کو
لبوں پر مسکراہٹ تھی مگر کیسی حقارت سی

Woh jaise sardiyon mein garm kapre de faqeeron ko
Labon par muskurahat thi magar kaisi hiqaarat si

लेहजा कि जैसे सुब्ह की ख़ुश्बू अज़ान दे
जी चाहता है मैं तिरी आवाज़ चूम लूँ

لہجہ کہ جیسے صبح کی خوشبو اذان دے
جی چاہتا ہے میں تری آواز چوم لوں

Lehja ke jaiise subh ki khushboo azaan de
Jee chaahta hai main tiri awaaz choom loon

कुई इश्क़ है कि अकेला रेत की शाल ओढ़ के चल दिया
कभी बाल बच्चों के साथ आ ये पड़ाव लगता है रात में

کوئی عشق ہے کہ اکیلا ریت کی شال اوڑھ کے چل دیا
کبھی بال بچوں کے ساتھ آ یہ پڑاؤ لگتا ہے رات میں

Koi ishq hai ke akela ret ki shaal orh key chal diya
Kabhi baal bachchon key saath aa yeh parao lagta hai raat mein

कई मील रेत को काट कर कुई मौज फूल खिला गई
कुई पेड़ प्यास से मर रहा है नदी के पास खड़ा हुआ

کئی میل ریت کو کاٹ کر کوئی موج پھول کھلا گئی
کوئی پیڑ پیاس سے مر رہا ہے ندی کے پاس کھڑا ہوا

Kai meel ret ko kaat kar koi mauj phool khila gai
Koi per pyas se mar rahaa hai nadi key paas khara hua

हक़ीक़त सुर्ख़ मछली जानती है
समुन्दर कितना बूढ़ा देतता है

حقیقت سرخ مچھلی جانتی ہے
سمندر کتنا بوڑھا دیوتا ہے

Haqiqat surkh machhli jaanti hai
Samundar kitna boorha deota hai

जहाँ पे मिलती थीं दो किरनें उस शजर के तले
रज़ाई ओढ़े हुये इक फ़क़ीर बैठा है

جہاں پہ ملتی تھیں دو کرنیں اس شجر کے تلے
رضائی اوڑھے ہوئے اک فقیر بیٹھا ہے

Jahan pe milti thin do kirnain us shajar key tale
Razaai orhe hue ik faqeer baitha hai

ये ख़िज़ाँ कि ज़र्द सी शाल में जो उदास पेड़ के पास है
ये तुम्हारे घर की बहार है इसे आँसुवों से हरा करो

یہ خزاں کی زردی شال میں جو اداس پیڑ کے پاس ہے
یہ تمھارے گھر کی بہار ہے اسے آنسوؤں سے ہرا کرو

Yeh khizan ki zard si shawl mein jo udaas per key paas hai
Yeh tumhaare ghar ki bahaar hai ise aansuon se hara karo

रात सर पर लिये हूँ जंगल में
रास्ते की ख़राब बस की तरह

رات سر پر لیے ہوں جنگل میں
راستے کی خراب بس کی طرح

Raat sar par liye hoon jangal mein
Raaste ki kharaab bus ki tarh

शावर के नीचे घुलती जाती है शाम
मेरी आँखों पर इक टावल लिप्टी है

شاور کے نیچے گھلتی جاتی ہے شام
میری آنکھوں پر اک ٹاول لپٹی ہے

Shower key neeche ghulti jati hai shaam
Meri aankhon par ik towel lipti hai

वो ग़ज़ल वालों का उस्लूब समझते होंगे
चाँद कहते हैं किसे ख़ूब समझते होंगे

وہ غزل والوں کا اسلوب سمجھتے ہونگے
چاند کہتے ہیں کسے خوب سمجھتے ہونگے

Woh gazal waalon ka usloob samajhte honge
Chaand kahte hain kise khoob samajhte honge

इतनी मिलती है मिरी ग़ज़लों से सूरत तेरी
लोग तुझको मिरा महबूब समझते होंगे

اتنی ملتی ہے مری غزلوں سے صورت تیری
لوگ تجھ کو مرا محبوب سمجھتے ہونگے

Itni milti hai miri gazlon se soorat teri
log tujhe mira mehboob samajhte honge

बेद के ज़र्द मोंढे पे बैठी हुई शाम ने उठ के बत्ती जलाई नहीं
रौशनी का फ़रिश्ता बड़ी देर तक दस्तकें दे के वापस चला गया

بید کے زرد مونڈھے پہ بیٹھی ہوئی شام نے اٹھ کے بتی جلائی نہیں
روشنی کا فرشتہ بڑی دیر تک دستکیں دے کے واپس چلا بھی گیا

Bed key zard mondhe pe baithi hui shaam ne uth key batti jalai nahin
Roshni ka farishta bari der tak dastaken de key waapas chala bhi gaya

बहुत से और भी घर हैं ख़ुदा की बस्ती में
फ़क़ीर कब से खड़ा है जवाब दे जाओ

بہت سے اور بھی گھر ہیں خدا کی بستی میں
فقیر کب سے کھڑا ہے جواب دے جاؤ

Bahut se aur bhi ghar hain khuda ki basti mein
Faqeer kab se khara hai jawaab de jao

हमारी शाख़ का नौख़ेज़ पत्ता
हवा के होंट अक्सर चूमता है

ہماری شاخ کا نو خیز پتہ
ہوا کے ہونٹ اکثر چومتا ہے

Hamaari shaakh ka naukhez patta
Hawa key hont aksar choomta hai

किसे मालूम था हम दोनों इक बिस्तर पे सोयेंगे
हिफ़ाज़त के लिये तलवार अपने दरम्यां होगी

کسے معلوم تھا ہم دونوں اک بستر پہ سوئیں گے
حفاظت کے لئے تلوار اپنے درمیاں ہوگی

Kise maaloom tha ham dono ik bistar pe soyenge
Hifaazat key liye talwaar apne darmiyan hogi

कभी बस्तियाँ दिल की यूँ भी बसें
दुकानें खुलें कारख़ाने लगें

کبھی بستیاں دل کی یوں بھی بسیں
دُکانیں کھلیں کارخانے لگیں

Kabhi bastiyan dil ki yun bhi basen
Dukanen khulen kaarkhane lagen

मुझको शाम बता देती है
तुम कैसे कपड़े पहने हो

مجھکو شام بتا دیتی ہے
تم کیسے کپڑے پہنے ہو

Mujhko shaam bata deti hai
Tum kaise kapre pahne ho

अपने आंगन की उदासी से ज़रा बात करो
नीम के सूखे हुए पेड़ को सन्दल कर दो

اپنے آنگن کی اداسی سے ذرا بات کرو
نیم کے سوکھے ہوئے پیڑ کو صندل کر دو

Apne aangan ki udasi se zara baat karo
Neem key sookhe hue per ko sandal kar do

मैं दिन हूँ मेरी जबीं पर दुखों का सूरज है
दिये तो रात की पलकों पे झिलमिलाते हैं

میں دن ہوں میری زمیں پر دکھوں کا سورج ہے
دیئے تو رات کی پلکوں پہ جھلملاتے ہیں

Main din hoon meri jabin par dukhon ka suraj hai
Diye to raat ki palkon pe jhilmilate hain

उस हवेली में अब कोई रहता नहीं—
चाँद निकला किसे देखने के लिये

اس حویلی میں اب کوئی رہتا نہیں
چاند نکلا کسے دیکھنے کے لئے

Us haveli mein ab koee rahta nahin
Chaand nikla kise dekhne key liye

मैं सुनहरे पत्तों का पेड़ हूँ, मैं ख़िज़ाँ का हुस्नो वक़ार हूँ
मिरे बाल चाँदी के हो गये मिरे सर पे धूप ठहर गई

میں سنہرے پتّوں کا پیڑ ہوں، میں خزاں کا حسن و وقار ہوں
مرے بال چاندی کے ہو گئے مرے سر پہ دھوپ ٹھہر گئی

Main sunehre patton ka per hoon, main khizan ka husno waqaar hoon
Mire baal chaandi key ho gae mire sar pe dhoop thahar gai

अबके आँसू आँखों से दिल में उतरे
रुख़ बदला दरया ने कैसा बहने का

اب کے آنسو آنکھوں سے دل میں اترے
رُخ بدلا دریا نے کیسا بہنے کا

Abke aansoo aankhon se dil mein utre
Rukh badla darya ne kaisa bahne ka

तमाम उम्र मिरा दम इसी धुऐं में घुटा
वो इक चराग़ था मैंने उसे बुझाया है

تمام عمر مرا دم اسی دھوئیں میں گھٹا
وہ اک چراغ تھا میں نے اسے بجھایا ہے

Tamaam umr mira dam isi dhuen mein ghuta
Woh ik charagh tha mainen use bujhaaya hai

बारिशों में किसी पेड़ को देखना
शाल ओढ़े हुये भीगता कौन है

بارشوں میں کسی پیڑ کو دیکھنا
شال اوڑھے ہوئے بھیگتا کون ہے

Baarishon mein kisi per ko dekhna
Shaal orhe hue bheegta kaun hai

तुम मुझे छोड़ के जाओगे तो मर जाऊँगा
यूँ करो जाने से पहले मुझे पागल कर दो

تم مجھے چھوڑ کے جاؤ گے تو مر جاؤں گا
یوں کرو جانے سے پہلے مجھے پاگل کر دو

Tum mujhe chhor key jaoge to mar jaaounga
Yun karo jane se pahle mujhe paagal kar do

फूल सी क़ब्र से अक्सर ये सदा आती है
कोई कहता है बचालो मैं अभी ज़िन्दा हूँ

پھول سی قبر سے اکثر یہ صدا آتی ہے
کوئی کہتا ہے بچالو میں ابھی زندہ ہوں

Phool si qabr se aksar yeh sada aati hai
Koee kahta hai bachalo main abhi zinda hoon

बर्फ़ सी उजली पौशाक पहने हुए पेड़ जैसे दुआओं में मसरूफ़ हों
वादियाँ पाक मरियम का आँचल हुईं, आओ सज्दा करें सर झुकाएँ कहीं

برف سی اجلی پوشاک پہنے ہوئے پیڑ جیسے دعاؤں میں مصروف ہوں
وادیاں پاک مریم کا آنچل ہوئیں، آؤ سجدہ کریں سر جھکائیں کہیں

Barf si ujli poshaak pahne hue per jaise duaon mein masroof hon
Waadiyan paak mariyam ka aanchal huin, aao sajda karen sar jhukayen kahin

उस दिन पहला फूल खिला जब पतझड़ ने
पत्ती पत्ती जोड़ के तेरा नाम लिखा

اس دن پہلا پھول کھلا جب پت جھڑ نے
پتی پتی جوڑ کے تیرا نام لکھا

Us din pahla phool khila jab patjhar ne
Patti patti jor ke tera naam likha

इस ख़ुशी में मुझे ख़्याल आया
ग़म के दिन कितने ख़ूबसूरत थे

اس خوشی میں مجھے خیال آیا
غم کے دن کتنے خوبصورت تھے

Is khushi mein mujhe khayaal aaya
Gham key din kitne khubsoorat they

मुझको उन सच्ची बातों से अपने झूठ बहुत प्यारे हैं
जिन सच्ची बातों से सदियों इन्सानों का ख़ून बहा है

مجھکو ان سچّی باتوں سے اپنے جھوٹ بہت پیارے ہیں
جن سچّی باتوں سے صدیوں انسانوں کا خون بہا ہے

Mujhko un sachchi baaton se apne jhoot bahut pyaare ha
Jin sachchi baaton se sadiyon insanon ka khoon baha h

गीले गीले मन्दिरों .में बाल खोले देवियाँ
सोचती हैं उनके सूरज देवता कब आएंगे

گیلے گیلے مندروں میں بال کھولے دیویاں
سوچتی ہیں انکے سورج دیوتا کب آئینگے

Geele geele mandiron mein baal khole deviyan
Sochti hain unke suraj devta kab aayenge

आँगन में नन्हे नन्हे फ़रिश्ते लड़ेंगे जब
बूढ़ी शफ़ीक़ आँखों में मैं मुस्कुराउंगा

آنگن میں ننھے ننھے فرشتے لڑینگے جب
بوڑھی شفیق آنکھوں میں مَیں مسکراؤنگا

Aangan mein nanhe nanhe farishte larenge jab
Buri shafeeq aankhon mein main muskuraounga

नारियल के दरख़्तों की पागल हवा खुल गये बादवाँ लौट जा लौट जा
साँवली सरज़मीं पर मैं अगले बरस फूल खिलने से पहले ही आ जाऊँगा

ناریل کے درختوں کی پاگل ہوا کھل گئے بادباں لوٹ جا لوٹ جا
سانولی سرزمیں پر میں اگلے برس پھول کھلنے سے پہلے ہی آجاؤں گا

aariyal key darakhton ki paagal hawa khul gaye badwan laut ja laut ja
aanwli sarzamin par main agle baras phool khilne se pahle hi aajaounga

मिरी निगाह मुख़ातिब से बात करते हुए
तमाम जिस्म के कपड़े उतार लेती है

مری نگاہ مخاطب سے بات کرتے ہوئے
تمام جسم کے کپڑے اتار لیتی ہے

Miri nigaah mukhatib se baat karte huye
Tamaam jism ke kapre utaar leti hai

रंग सारे अटैचियों में गए
धूप में अल्गनी अकेली है

رنگ سارے اٹیچیوں میں گئے
دھوپ میں الگنی اکیلی ہے

Rang saare atechiyon main gaye
Dhoop mein algani akeli hai

सुरमा, मिस्सी, कंघी, चोटी भूली है
सूखे पत्तों पर जो मैना बैठी है

سرمہ، مسی، کنگھی، چوٹی، بھولی ہے
سوکھے پتوں پر جو مینا بیٹھی ہے

Surma, missi, kanghi, choti bhooli hai
Sukhe patton par jo maina baithi hai

ज़िन्दगी तिरी फ़िक्रें खिलते ही गुलाबों का रस निचोड़ लेती हैं
फूल जैसी उम्रों के सोचते हुए बच्चे बूढ़े होते जाते हैं
زندگی تری فکریں، کھلتے ہی گلابوں کا رس نچوڑ لیتی ہے
پھول جیسی عمروں کے سوچتے ہوئے بچّے بوڑھے ہوتے جاتے ہیں
Zindagi tiri fikren khilte hi gulaabon ka ras nichor leti hain
Phool jaisi umron key sochte hue bachche boorhe hote jaate hain

वो बाल्कोनी में आए तो रास्ता रुक जाए
सड़क पे चलने लगे तो हमारे जैसा है
وہ بالکونی میں آئے تو راستہ رُک جائے
سڑک پہ چلنے لگے تو ہمارے جیسا ہے
Woh balkoni mein aaye to raasta ruk jaai
Sarak pe chalne lage to hamaare jaisa hai

हँस पड़ी शाम की उदास फ़िज़ा
इस तरह चाये की प्याली हँसी
ہنس پڑی شام کی اداس فضا
اس طرح چائے کی پیالی ہنسی
Hans pari shaam ki udaas fiza
Is tarah chaay ki pyaali hansi

ऐसे मिलो कि अपना समझता रहे सदा
जिस शख़्स से तुम्हारा दिली इख़्तिलाफ़ है

ایسے ملو کہ اپنا سمجھتا رہے سدا
جس شخص سے تمہارا دلی اختلاف ہے

Aise milo ke apna samajhta rahe sada
Jis shakhs se tumhaara dili ikhtilaaf hai

सन्नाटे की शाख़ों पर कुछ ज़ख़्मी परिन्दे हैं
ख़ामोशी बज़ाते खुद आवाज़ का सेहरा है

سناٹے کی شاخوں پر کچھ زخمی پرندے ہیں
خاموشی بذاتِ خود آواز کا صحرا ہے

Sannate ki shaakhaon par kuchh zakhmi parinde hain
Khaamoshi bazate khud aawaaz ka sehra hai

एक मिसरा हो तुम, एक मिसरा हैं हम, ज़िन्दगी का सफ़र इक मुसलसल ग़ज़ल
धूप जैसी तुम्हारी जवानी रहे, फूल जैसी हमारी मोहब्बत रहे

ایک مصرعہ ہو تم ایک مصرعہ ہیں ہم، زندگی کا سفر اک مسلسل غزل
دھوپ جیسی تمہاری جوانی رہے، پھول جیسی ہماری محبت رہے

Ek misra ho tum ek misra hain ham, zindagi ka safar ik musalsal ghazal
Doop jaisi tumhaari jawani rahe, phool jaisi hamaari muhabbat rahe

कोहरे के लर्ज़ीदा हाथों में अक्सर
तुलसी और अदरक की चाय छलकती है

کہرے کے لرزیدہ ہاتھوں میں اکثر
تلسی اور ادرک کی چائے چھلکتی ہے

Kohre key larzeeda haathon mein aksar
Tulsi aur adrak ki chaay chhalakti hai

वो जो रंग चमकता है उस टहनी पर
हाथ आए तो फूल, नहीं तो तित्ली है

وہ جو رنگ چمکتا ہے اس ٹہنی پر
ہاتھ آئے تو پھول نہیں تو تتلی ہے

Woh jo rang chamakta hai us tehni par
Haath aaye to phool, nahin to titli hai

तीन समन्दर, दो सेहरा उसके आगे
नागिन जैसी एक लकीर चमकती है

تین سمندر دو صحرا اس کے آگے
ناگن جیسی ایک لکیر چمکتی ہے

Teen samundar, do sehra uske aage
Nagin jaisi ek lakeer chamakti hai

इक समुन्द़र के प्यासे किनारे थे हम, अपना पैग़ाम लाती थी मौजे रवां
आज दो रेल की पटरियों की तरह साथ चलना है और बोलना तक नही

اک سمندر کے پیاسے کنارے تھے ہم، اپنا پیغام لاتی تھی موجِ رواں
آج دو ریل کی پٹریوں کی طرح ساتھ چلنا ہے اور بولنا تک نہیں

Ik samundar key pyase kinare the ham, apna paigham laati thi mauje rawan
Aaj do rail ki patriyon ki tarah saath chalna hai aur bolna tak nahin

जैसे कश्मीरी झीलों की आग़ोश में नन्हें नन्हें सितारे उतर आए हों
रात उन नीली आँखों में कुछ ऐसे ही आँसुओं के दिये झिलमिलाते रहे

جیسے کشمیری جھیلوں کی آغوش میں ننھے ننھے ستارے اتر آئے ہوں
رات ان نیلی آنکھوں میں کچھ ایسے ہی آنسوؤں کے دیے جھلملاتے رہے

Jaise kashmeeri jheelon ki aagosh mein nanhe nanhe sitaare utar aaye hon
Raat un neeli aankhon mein kuchh aise hi aansuon key diye jhilmilate rahe

मेरे बचपन के मंदिर की वो मूर्ती, धूप के आसमाँ पर ख़ड़ी थी मगर
एक दिन जब मिरा क़द मुकम्मल हुआ, उसका सारा बदन बर्फ़ मे धंस गया

میرے بچپن کے مندر کی وہ مورتی، دھوپ کے آسماں پر کھڑی تھی مگر
ایک دن جب مرا قد مکمل ہوا، اس کا سارا بدن برف میں دھنس گیا

Mere bachpan key mandir ki woh moorti, dhoop key aasman par khari thi magar
Ek din jab mira qad mukammal hua, uska saara badan burf mein dhans gaya

चुनिंदा अशआर
बशीर बद्र

थके थके पैडिल के बीच चले सूरज
घर की तरफ़ लौटी, दफ़्तर की शाम

تھکے تھکے پیڈل کے بیچ چلے سورج
گھر کی طرف لوٹی دفتر کی شام

Thake thake pedel ke beech chale sooraj
Ghar ki taraf lauti, daftar ki shaam

पसीना बंद कमरे की उमस का जज़्ब है इसमें
हमारे तोलिये में धूप की खुश्बू कहाँ होगी

پسینہ بند کمرے کی اُمس کا جذب ہے اس میں
ہمارے تولیے میں دھوپ کی خوشبو کہاں ہوگی

Paseena band kamre ki umas ka jazb hai is mein
Hamaare toliye mein dhoop ki khushboo kahan hogi

दो भटकती हुई रूहें जैसे मिलें यूँ मिलीं वो निगाहें मगर ख़ौफ़ है
ज़ीस्त है रात में जंगलों का सफ़र इस जनम में भी हम खो न जायें कहीं

دو بھٹکتی ہوئی روحیں جیسے ملیں یوں ملیں وہ نگاہیں مگر خوف ہے
زیست ہے رات میں جنگلوں کا سفر اس جنم میں بھی ہم کھو نہ جائیں کہیں

Do bhatakti hui roohen jaise milen yun milin woh nigahen magar khauf hai
Zeest hai raat mein janglon ka safar is janam mein bhi ham kho na jaaen kahin

अनगिनत काले काले परिन्दों के पर टूटकर ज़र्द पानी को ढकने लगे
फ़ाख़्ता धूप के पुल पे बैठी रही रात का हाथ चुपचाप बढ़ता गया

انگنت کالے کالے پرندوں کے پر ٹوٹ کر زرد پانی کو ڈھکنے لگے
فاختہ دھوپ کے پل پہ بیٹھی رہی رات کا ہاتھ چپ چاپ بڑھتا گیا

Anginat kaale kaale parindon key par tootkar zard paani ko dhakne lage
Fakhta dhoop key pul pe baithi rahi raat ka haath chupchap barhta gaya

सच सियासत से अदालत तक बहुत मसरूफ़ है
झूट बोलो, झूट में अब भी मोहब्बत है बहुत

سچ سیاست سے عدالت تک بہت مصروف ہے
جھوٹ بولو،جھوٹ میں اب بھی محبت ہے بہت

Sach siyaasat se adaalat tak bahut masroof hai
Jhoot bolo, Jhoot mein ab bhi mohabbat hai bahut

चुनिंदा अशआर
बशीर बद्र

किताबें, रिसाले न अख़बार पढ़ना
मगर दिल को हर रात इक बार पढ़ना

کتابیں، رسالے نہ اخبار پڑھنا
مگر دل کو ہر رات اک بار پڑھنا

Kitaben, risale na akhbaar parhna
Magar dil ko har raat ik baar parhna

जैसे ये जानता हो तिलिस्मी हवा, उस परिन्दे को वापस नहीं लाएगी
ख़ुश्क डंठल ने इक फ़ाख़्ता की घनी बन्द पलकों का इस तर्ह बोसा लिया

جیسے یہ جانتا ہو طلسمی ہوا، اس پرندے کو واپس نہیں لائے گی
خشک ڈنٹھل نے اک فاختہ کی گھنی بند پلکوں کا اس طرح بوسا لیا

Jaise yeh jaanta ho tlismi hawa, us parinde ko waapas nahin layegi
Khushk danthal ne ik fakhta ki ghani band palkon ka is tarh bosa liya

मुझे उन नीली आँखों ने बताया
तुम्हारा नाम पानी पर लिखा है

مجھے ان نیلی آنکھوں نے بتایا
تمھارا نام پانی پر لکھا ہے

Mujhe un neeli aankhon ne bataya
Tumhara naam paani par likha hai

जैसे जंगल में आग लग जाए
हम कभी इतने ख़ूबसूरत थे

جیسے جنگل میں آگ لگ جائے
ہم کبھی اتنے خوبصورت تھے

Jaise jangal mein aag lag jaaye
Ham kabhi itne khubsoorat they

दिन भर सूरज किस का पीछा करता है
रोज़ पहाड़ी पर जाती है शाम कहाँ

دن بھر سورج کس کا پیچھا کرتا ہے
روز پہاڑی پر جاتی ہے شام کہاں

Din bhar sooraj kis ka peechha karta hai
Roz pahari par jaati hai shaam kahan

इबादतों की तरह मैं ये काम करता हूँ
मिरा उसूल है पहले सलाम करता हूँ

عبادتوں کی طرح میں یہ کام کرتا ہوں
مرا اصول ہے پہلے سلام کرتا ہوں

Ibadaton ki tarah main yeh kaam karta hoon
Mira usool hai pahle salaam karta hoon

मुख़ालिफ़त से मिरी शख़्सियत संवरती है
मैं दुश्मनों का बड़ा एहतेराम करता हूँ

مخالفت سے مری شخصیت سنورتی ہے
میں دشمنوں کا بڑا احترام کرتا ہوں

Mukhalifat se miri shakhsiyat sanwarti hai
Main dushmanon ka bara ehteraam karta hoon

दालानों की धूप, छतों की शाम कहाँ
घर से बाहर घर जैसा आराम कहाँ

دالانوں کی دھوپ، چھتوں کی شام کہاں
گھر سے باہر گھر جیسا آرام کہاں

Daalanon ki dhoop, chhaton ki shaam kahan
Ghar se baahar ghar jaisa aaraam kahan

मुझसे क्या बात लिखानी है कि अब मेरे लिये
कभी सोने कभी चांदी के क़लम आते हैं

مجھ سے کیا بات لکھانی ہے کہ اب میرے لیے
کبھی سونے کبھی چاندی کے قلم آتے ہیں

Mujhse kya baat likhani hai ke ab mere liye
Kabhi sone kabhi chaandi key qalam aate hain

मैं जब सो जाऊँ इन आँखों पे अपने होंट रख देना
यक़ीं आ जायेगा पलकों तले भी दिल धड़कता है

میں جب سو جاؤں ان آنکھوں پہ اپنے ہونٹ رکھ دینا
یقیں آ جائے گا پلکوں تلے بھی دل دھڑکتا ہے

Main jab so jaun in aankhon pe apne hont rakh dena
Yaqin aa jayega palkon tale bhi dil dharakta hai

सब कोहेनूर रेत की क़ब्रों में सो गए
तन्हा गुलाब निकला है दरिया में तैर के

سب کوہِ نور ریت کی قبروں میں سو گئے
تنہا گلاب نکلا ہے دریا میں تیر کے

Sab kohinoor ret ki qabron mein so gaye
Tanha gulab nikla hai darya mein tair key

अजब चराग़ हूँ दिन रात जलता रहता हूँ
मैं थक गया हूँ, हवा से कहो बुझाए मुझे

عجب چراغ ہوں دن رات جلتا رہتا ہوں
میں تھک گیا ہوں، ہوا سے کہو بجھائے مجھے

Ajab chirag hoon din raat jalta rahta hoon
Main thak gaya hoon, hawa se kaho bujhaaye mujhe

मैं चाहता हूँ कि तुम ही मुझे इजाज़त दो
तुम्हारी तर्ह से कोई गले लगाए मुझे

میں چاہتا ہوں کہ تم ہی مجھے اجازت دو
تمھاری طرح سے کوئی گلے لگائے مجھے

Mian chaahta hoon ke tum hi mujhe ijaazat do
Tumhaari tarh se koi gale lagaye mujhe

मैं डर गया हूँ बहुत सायादार पेड़ों से
ज़रा सी धूप बिछा कर क़याम करता हूँ
میں ڈر گیا ہوں بہت سایہ دار پیڑوں سے
ذرا سی دھوپ بچھا کر قیام کرتا ہوں
Main dar gaya hoon bahut saayaadaar peron se
Zara si dhoop bichha kar qayaam karta hoon

मुझे ख़ुदा ने ग़ज़ल का दयार बख़्शा है
ये सल्तनत मैं मुहब्बत के नाम करता हूँ
مجھے خدا نے غزل کا دیار بخشا ہے
یہ سلطنت میں محبت کے نام کرتا ہوں
Mujhe Khuda ne gazal ka dayaar bakhsha hai
Yeh saltanat main muhabbat ke naam karta hun

पढ़ाई लिखाई का मौसम कहाँ
किताबों में ख़त आने जाने लगे
پڑھائی لکھائی کا موسم کہاں
کتابوں میں خط آنے جانے لگے
Parhaai likhaai ka mausam kahan
Kitabon main khat aane jaane lage

जानता हूँ कि एक दिन मुझको
वक़्त बदलेगा डायरी की तरह

جانتا ہوں کہ ایک دن مجھکو
وقت بدلے گا ڈائری کی طرح

Jaanta hoon ke ek din mujhko
Waqt badlega diary ki tarah

उन से ज़रूर मिलना सलीक़े के लोग हैं
सर भी क़लम करेंगे बड़े एहतेराम से

ان سے ضرور ملنا سلیقے کے لوگ ہیں
سر بھی قلم کرینگے بڑے احترام سے

Un se zaroor milna saleeqe ke log hain
Sar bhi qalam krenge bare ehtraam se

सुब्ह से ढूंढ रहे थे कि कहाँ है सूरज
अब नज़र आए हो तो सारा जहाँ रौशन है

صبح سے ڈھونڈ رہے تھے کہ کہاں ہے سورج
اب نظر آئے ہو تو سارا جہاں روشن ہے

Subh se dhoond rahe they ke kahan hai sooraj
Ab nazar aaye ho to saara jahan roshan hai

मैं अपने भाइयों से मुख़्तलिफ़ हूँ
वो मौसम की शिकायत कर रहे हैं

میں اپنے بھائیوں سے مختلف ہوں
وہ موسم کی شکایت کر رہے ہیں

Main apne bhaaiyon se mukhtalif hoon
Woh mausam ki shikaayat kar rahe hain

इक परिन्दे ने तेरा नाम लिया
सहन, दीवार, बामोदर महके

اک پرندے نے تیرا نام لیا
صحن، دیوار، بام و در مہکے

Ik parinde ne tera naam liya
Sehn, deewar, baamodar mahke

चाँद सा मिसरा अकेला है मिरे काग़ज़ पर
छत पे आजाओ मिरा शेर मुकम्मल कर दो

چاند سا مصرعہ اکیلا ہے مرے کاغذ پر
چھت پہ آجاؤ مرا شعر مکمل کر دو

Chaand sa misra akela hai mire kaaghaz par
Chhat pe aajao mira sher mukammal kar do

किस मुहब्बत से गले मिलने का मौसम आया
फूल काग़ज़ के खिले काँच के बाज़ू आए
کس محبت سے گلے ملنے کا موسم آیا
پھول کاغذ کے کھلے کانچ کے بازو آئے
Kis mohabbat se gale milne ka mausam **aaya**
Phool kaagaz ke khile kaanch ke baazu **aaye**

बस गई है मिरे एहसास में ये कैसी महक
कोई ख़ूश्बू मैं लगाऊँ तिरी ख़ुश्बू आए
بس گئی ہے مرے احساس میں یہ کیسی مہک
کوئی خوشبو میں لگاؤں تری خوشبو آئے
Bas gai hai mire ehsaas mein yeh kaisi mah**ak**
Koee khushboo main lagaun tiri khushboo **aaye**

उसने छूकर मुझे पत्थर से फिर इंसान किया
मुद्दतों बाद मिरी आँखों में आँसू आए
اس نے چھوکر مجھے پتھر سے پھر انسان کیا
مدّتوں بعد مری آنکھو میں آنسو آئے
Usne chhookar mujhe patthar se phir insaan kiya
Muddaton baad miri aankhon mein aansu aaye

न जी भरके देखा न कुछ बात की
बड़ी आरज़ू थी मुलाक़ात की

نہ جی بھر کے دیکھا نہ کچھ بات کی
بڑی آرزو تھی ملاقات کی

Na jee bhar key dekha na kuchh baat ki
Bari aarzoo thi mulaqaat ki

इतनी सियाह रात में किसको सदायें दूँ
ऐसा चिराग़ दे जो कभी बोलता भी हो

اتنی سیاہ رات میں کس کو صدائیں دوں
ایسا چراغ دے جو کبھی بولتا بھی ہو

Itni siyah raat mein kisko sadaaen doon
Aisaa chiraag de jo kabhi bolta bhi ho

कुई फूल धूप की पत्तियों में हरे रिबन से बंधा हुआ
वो ग़ज़ल का लेहजा नया नया न कहा हुआ, न सुना हुआ

کوئی پھول دھوپ کی پتّیوں میں ہرے ربن سے بندھا ہوا
وہ غزل کا لہجہ نیا نیا نہ کہا ہوا نہ سنا ہوا

Koi phool dhoop ki pattiyon mein hare riban se bandha hua
Woh ghazal ka lehja naya naya na kaha hua, na suna hua

सियासत की अपनी अलग इक ज़बां है
लिखा हो जो इक़रार इंकार पढ़ना

سیاست کی اپنی الگ اک زباں ہے
لکھا ہو جو اقرار انکار پڑھنا

Siyasat ki apni alag ik zaban hai
Likha ho jo iqraar inkaar parhna

मोहब्बत, अदावत, वफ़ा, बेरुखी
किराये के घर थे बदलते रहे

محبت، عداوت، وفا، بے رخی
کرائے کے گھر تھے بدلتے رہے

Mohabbat, adawat, wafa, berukhi
Kiraye key ghar the badalte rahe

सन्नाटे आये दर्जों में झांका चले गये
गर्मी की छुट्टियाँ थी, वहाँ कोई भी न था

سناٹے آئے درجوں میں جھانکا چلے گئے
گرمی کی چھٹیاں تھیں، وہاں کوئی بھی نہ تھا

Sannate aaye darjon mein jhanka chale gaye
Garmi ki chhuttiyan thin, wahan koee bhi na tha

मेरा आईना भी अब मेरी तरह पागल है
आईना देखने जाऊँ तो नज़र तू आए

میرا آئینہ بھی اب میری طرح پاگل ہے
آئینہ دیکھنے جاؤں تو نظر تو آئے

Mera aaeena bhi ab meri tarah paagal hai
Aaina dekhne jaaun to nazar too aaye

खुदा इस शहर को महफ़ूज़ रखे
ये बच्चों की तरह हँसता बहुत है

خدا اس شہر کو محفوظ رکھے
یہ بچوں کی طرح ہنستا بہت ہے

Khuda is shehr ko mahfooz rakkhe
Yeh bachchon ki tarah hansta bahut hai

आज हम सबके साथ खूब हँसे
और फिर देर तक उदास रहे

آج ہم سب کے ساتھ خوب ہنسے
اور پھر دیر تک اداس رہے

Aaj ham sab key saath khoob hanse
Aur phir der tak udaas rahe

सब्ज़ पत्ते धूप की ये आग जब पी जाऐंगे
उजले फ़र के कोट पहने हल्के जाड़े आऐंगे

سبز پتے دھوپ کی یہ آگ جب پی جائیں گے
اُجلے فر کے کوٹ پہنے ہلکے جاڑے آئیں گے

Sabz patte dhoop ki yeh aag jab pee jayenge
Ujle far key koat pahne halke jare aayenge

उसका भी कुछ हक़ है आख़िर
उसने मुझसे नफ़रत की है

اس کا بھی کچھ حق ہے آخر
اس نے مجھ سے نفرت کی ہے

Uska bhi kuchh haq hai aakhir
Usne mujhse nafrat ki hai

फ़ाख़्ता की मजबूरी ये भी कह नहीं सकती
कौन साँप रखता है उसके आशियाने में

فاختہ کی مجبوری یہ بھی کہہ نہیں سکتی
کون سانپ رکھتا ہے اس کے آشیانے میں

Fakhta ki majboori yeh bhi kah nahin sakti
Kaun saanp rakhta hai uske aashiyane mein

डाली गुलाब की मिरे सीने से आ लगी
झटके के साथ कार का रुकना ग़ज़ब हुआ
ڈالی گلاب کی مرے سینے سے آ لگی
جھٹکے کے ساتھ کار کا رکنا غضب ہوا
Daali gulaab ki mire seene se aa lagi
Jhatke key saath car ka rukna gazab hua

उसकी आँखों को ग़ौर से देखो
मन्दिरों में चराग़ जलते हैं
اس کی آنکھوں کو غور سے دیکھو
مندروں میں چراغ جلتے ہیں
Uski aankhon ko ghaur se dekho
Mandiron mein chiraag jalte hain

बात क्या है कि मशहूर लोगों के घर
मौत का सोग होता है त्यौहार सा
بات کیا ہے کہ مشہور لوگوں کے گھر
موت کا سوگ ہوتا ہے تیوہار سا
Baat kya hai ke mashhoor logon key ghar
Maut ka sog hota hai tyohaar sa

दिल की दहलीज़ पे यादों के दिये रखे हैं
आज तक हम ने ये दरवाज़े खुले रखे हैं

دل کی دہلیز پہ یادوں کے دیے رکھے ہیں
آج تک ہم نے یہ دروازے کھلے رکھے ہیں

Dil ki dehleez pe yaadon key diye rakkhe hain
Aaj tak ham ne yeh darwaze khule rakkhe hain

मुख़्तसर बातें करो, बेजा वज़ाहत मत करो
ये नई दुनिया है बच्चों में ज़ेहानत है बहुत

مختصر باتیں کرو، بیجا وضاحت مت کرو
یہ نئی دنیا ہے بچوں میں ذہانت ہے بہت

Mukhtasir baaten karo, bejaa wazaahat mat karo
Yeh nai duniya hai bachchon mein zahaanat hai bahut

बारिशें छत पे खुली जगहों पे होती हैं मगर
ग़म वो सावन है जो इन कमरों के अन्दर बरसे

بارشیں چھت پہ کھلی جگہوں پہ ہوتی ہیں مگر
غم وہ ساون ہے جو ان کمروں کے اندر برسے

Baarishen chhat pe khuli jaghon pe hoti hain magar
Gam woh saawan hai jo in kamron key andar barse

दूसरी कुई लड़की ज़िन्दगी में आयेगी
कितनी देर लगती है उसको भूल जाने में

دوسری کوئی لڑکی زندگی میں آئے گی
کتنی دیر لگتی ہے اس کو بھول جانے میں

Doosri koi larki zindagi mein aayegi
Kitni der lagti hai usko bhool jane mein

नहा गया था मैं कल जुग्नुओं की बारिश में
वो मेरे कांधे पे सर रख के खूब रोई थी

نہا گیا تھا میں کل جگنوؤں کی بارش میں
وہ میرے کاندھے پہ سر رکھ کے خوب روئی تھی

Naha gaya tha main kal jugnuon ki baarish mein
Woh mere kandhe pe sar rakh key khoob roi thi

क़दम क़दम पे लहू के निशान कैसे हैं
ये सरज़मीं तो मिरे आँसुओं ने धोई थी

قدم قدم پہ لہو کے نشان کیسے ہیں
یہ سرزمیں تو مرے آنسوؤں نے دھوئی تھی

Qadam qadam pe lahoo key nishaan kaise hain
Yeh sarzamin to mire aansuon ne dhoi thi

फ़ाख़्तायें, तितलियाँ, मछली, गिलहरी, बिल्लियां
ज़िन्दगी में अपनी, आईं कैसी कैसी औरतें

فاختائیں، تتلیاں، مچھلی، گلہری، بلّیاں
زندگی میں اپنی آئیں کیسی کیسی عورتیں

Faakhtaayen, titliyan, machhli, gilheri, billiyan
Zindagi mein apni aain kaisi kaisi aurten

फूल सी बच्ची ने मेरे हाथ से छीना गिलास
आज अम्मी की तरह वो पूरी औरत सी लगी

پھول سی بچّی نے میرے ہاتھ سے چھینا گلاس
آج امّی کی طرح وہ پوری عورت سی لگی

Phool si bachchi ne mere haath se chheena glass
Aaj ammi ki tarah woh poori aurat si lagi

आख़िरी बेटी की शादी करके सोई रात भर
सुब्ह बच्चों की तरह वो ख़ूबसूरत सी लगी

آخری بیٹی کی شادی کرکے سوئی رات بھر
صبح بچّوں کی طرح وہ خوبصورت سی لگی

Aakhri beti ki shaadi kar key soi raat bhar
Subh bachchon ki tarah woh khubsoorat si lagi

भटक रही है पुरानी दुलाइयाँ औढ़े
हवेलियों में मिरे ख़ानदान की ख़ुशबू
بھٹک رہی ہے پرانی دلائیاں اوڑھے
حویلیوں میں مرے خاندان کی خوشبو

Bhatak rahi hai puraani dulaaiyan orhe
Haveliyon mein mire khaandaan ki khushboo

एक मैं, एक तुम, एक दीवार थी
ज़िन्दगी आधी आधी बटी रह गई
ایک میں، ایک تم، ایک دیوار تھی
زندگی آدھی آدھی بٹی رہ گئی

Ek main, ek tum, ek deewar thi
Zindagi aadhi aadhi banti rah gai

मेरा शैतान मर गया शायद
मेरे सीने पे सो रहा है कुई
میرا شیطان مر گیا شاید
میرے سینے پہ سو رہا ہے کوئی

Mera shaitaan mar gaya shaayad
Mere seene pe so raha hai koi

शाम तक कितने हाथों से गुज़रूंगा मैं
चाय ख़ाने में उर्दू के अख़्बार सा
شام تک کتنے ہاتھوں سے گزروں گا میں
چائے خانے میں اردو کے اخبار سا
Shaam tak kitne haathon se guzrunga main
Chaay khaane mein urdu key akhbaar sa

चढ़ा के पीट पे बकरी के बच्चे घूमेंगे
ये दुनिया अब हमें सर्कस का शेर कर देगी
چڑھا کے پیٹھ پہ بکری کے بچے گھومیں گے
یہ دنیا اب ہمیں سرکس کا شیر کر دیگی
Charha key peeth pe bakri key bachche ghoomenge
Yeh duniya ab hamein sircus ka sher kar degi

सुझाई कुछ नहीं देता शिकस्ता यादों ने
किसी का चेहरा किसी के बदन में जोड़ दिया
سجھائی کچھ نہیں دیتا شکستہ یادوں نے
کسی کا چہرہ کسی کے بدن میں جوڑ دیا
Sujhai kuchh nahin deta shikasta yaadon ne
Kisi ka chehra kisi ke badan mein jor diya

मेरा ये एहद है कि आज से मैं कोई मन्ज़र ग़लत न देखूं गा।
मेरी बेटी ने मेरी पल्कों को कितनी पाकीज़्गी से चूमा है

میرا یہ عہد ہے کہ آج سے میں کوئی منظر غلط نہ دیکھوں گا
میری بیٹی نے میری پلکوں کو کتنی پاکیزگی سے چوما ہے

Mira yeh ahed hai ke aaj se main koee manzar galat na dekhunga
Meri beti ne meri palkon ko kitnj paakeezgi se chooma hai

पहचान हमने अपनी मिटाई है इस तरह
बच्चों में कोई बात हमारी न आयेगी

پہچان ہم نے اپنی مٹائی ہے اس طرح
بچّوں میں کوئی بات ہماری نہ آئے گی

Pehchaan ham ne apni mitaai hai is tarah
Bachchon mein koee baat hamaari na aayegi

तन ढकने को बस इतना ही काफ़ी था
फूलों और पत्तों की इक नैकर होती

تن ڈھکنے کو بس اتنا ہی کافی تھا
پھولوں اور پتّوں کی اک نیکر ہوتی

Tan dhakne ko bas itna hi kaafi tha
Phoolon aur patton ki ik nekar hoti

निसाब दिल का कहाँ रख दिया क्लासों में
ग़ज़ल की आग है ये काग़ज़ों के बस की नहीं

نصاب دل کا کہاں رکھ دیا کتابوں میں
غزل کی آگ ہے یہ کاغذوں کے بس کی نہیں

Nisaab dil ka kahan rakh diya claason mein
Gazal ki aag hai yeh kaaghazon key bas ki nahin

मुझसे बिछड़ के ख़ुश रहते हो
मेरी तरह तुम भी झूटे हो

مجھ سے بچھڑ کے خوش رہتے ہو
میری طرح تم بھی جھوٹے ہو

Mujh se bichhar key khush rahte ho
Meri tarah tum bhi jhoote ho

मुझे इश्तेहार सी लगती हैं ये मोहब्बतों की कहानियाँ
जो कहा नहीं वो सुना करो जो सुना नहीं वो कहा करो

مجھے اشتہار سی لگتی ہیں یہ محبتوں کی کہانیاں
جو کہا نہیں وہ سنا کرو، جو سنا نہیں وہ کہا کرو

Mujhe ishtehaar si lagti hain yeh mohabbaton ki kahaaniyan
Jo kaha nahin woh suna karo jo suna nahin woh kaha karo

अब रोये कहाँ सावन अब तड़पे कहाँ बादल
आँगन न बग़ीचा है इक छोटा सा कमरा है

اب روئے کہاں ساون اب تڑپے کہاں بادل
آنگن نہ بغیچہ ہے اک چھوٹا سا کمرہ ہے

Ab roye kahan saavan ab tarpe kahan baadal
Angan na bagheecha hai ik chhota sa kamra hai

ख़ानक़ाहों में ख़ाक उड़ती है
उर्दू वालों के केम्पस की तरह

خانقاہوں میں خاک اڑتی ہے
اردو والوں کے کیمپس کی طرح

Khaanqahon mein khaak urti hai
Urdu waalon key campus ki tarah

अपने बचपन का क़िस्सा है इक तस्वीर बनाई उसने
मेहंदी वाले हाथ रचे थे बीच हथेली टपका आँसू

اپنے بچپن کا قصہ ہے اک تصویر بنائی اس نے
مہندی والے ہاتھ رچے تھے بیچ ہتھیلی ٹپکا آنسو

Apne bachpan ka qissa hai ik tasveer banaai usne
Menhdi waale haath rache the beech hatheli tapka aansu

कोई कत्बा नहीं हैं सरे राह हम जिस पे अक़्वाले ज़र्रीं बदलते रहो
हम तो आँसू हैं पल्कों पे रखलो हमें जब इशारा करो टूट जाएं कहीं

کوئی کتبہ نہیں ہیں سرِ راہ ہم، جس پہ اقوالِ زریں بدلتے رہو
ہم تو آنسو ہیں پلکوں پہ رکھ لو ہمیں جب اشارہ کرو ٹوٹ جائیں کہیں

Koi katba nahin hain sare raah ham jis pe aqwaale zarrin badalte raho
Ham to aansu hain palkon pe rakhlo hamen jab ishaara karo toot jaaen kahin

बहुत दिनों से मेरे साथ थी मगर कल शाम
मुझे पता चला वोह कितनी ख़ूबसूरत है

بہت دنوں سے مرے ساتھ تھی مگر کل شام
مجھے پتہ چلا وہ کتنی خوبصورت ہے

Bahut dinon se mire saath thi magar kal shaam
Mujhe pata chala woh kitni khubsoorat hai

तेरे और मेरे प्यार में अक्सर सारे जज़्बात मुश्तरक हैं मगर
धूप कितनी ही मेहरबां हो जाय ये कभी चाँदनी नहीं होती

تیرے اور میرے پیار میں اکثر سارے جذبات مشترک ہیں مگر
دھوپ کتنی ہی مہرباں ہو جائے یہ کبھی چاندنی نہیں ہوتی

Tere aur mere pyaar mein aksar saare jazbaat mushtarik hain magar
Dhoop kitni hi meherban ho jaay yeh kabhi chaandni nahin hoti

मेरी आँखें किसी के आँसू हैं
वर्ना इन पत्थरों में आब कहाँ

میری آنکھیں کسی کے آنسو ہیں
ورنہ ان پتھروں میں آب کہاں

Meri ankhen kisi ke aansu hain
Varna in pattharon mein aab kahan

मेरे होंटों पे तेरी ख़ुश्बू है
छू सकेगी इन्हें शराब कहाँ

میرے ہونٹوں پہ تیری خوشبو ہے
چھو سکے گی انھیں شراب کہاں

Mere honton pe teri khushboo hai
Chhoo sakegi inhen sharaab kahan

इन ऊंचे शहरों में पैदल सिर्फ़ दिहाती ही चलते हैं
हमको बाज़ारों से इक दिन कांधे पर ले जाना बाबा

ان اونچے شہروں میں پیدل صرف دیہاتی ہی چلتے ہیں
ہم کو بازاروں سے اک دن کاندھے پر لے جانا بابا

In oonche shehron mein paidal sirf dehaati hi chalte hain
Hamko baazaaron se ik din kandhe par lejana baba

कई अजनबी तिरी राह में मेरे पास से यूँ गुज़र गये
जिन्हें देख कर ये तड़प हुई तिरा नाम लेके पुकार लूँ

کئی اجنبی تری راہ میں مرے پاس سے یوں گزر گئے
جنہیں دیکھ کر یہ تڑپ ہوئی ترا نام لیکے پکار لوں

Kai ajnabi tiri raah mein mire paas se yun guzar gaye
Jinhen dekh kar yeh tarap hui tira naam lekey pukaar loon

इक लड़की एक लड़के के कांधे पे सोई थी
मैं उजली धुंदली यादों के कोहरे में खो गया

اک لڑکی ایک لڑکے کے کاندھے پہ سوئی تھی
میں اجلی ، دھندلی یادوں کے کُہرے میں کھو گیا

Ik larki ek larke key kandhe pe soi thi
Main ujli dhundli yaadon key kohre mein kho gaya

ये शब जैसे कुई बे माँ की बच्ची
अकेले रोते रोते सो गई है

یہ شب جیسے کوئی بے ماں کی بچّی
اکیلے روتے روتے سو گئی ہے

Yeh shab jaise koi be maan ki bachchi
Akele rote rote so gai hai

वही शहर है वही रास्ते वही घर है और वही लान भी
मगर उस दरीचे से पूछना वो दरख़्त अनार का क्या हुआ

وہی شہر ہے وہی راستے وہی گھر ہے اور وہی لان بھی
مگر اس دریچے سے پوچھنا وہ درخت انار کا کیا ہوا

Wahi shehr hai wahi raaste wahi ghar hai aur wahi lawn bhi
Magar us dareeche se poochhna woh darakht anaar ka kya hua

दिल्ली हो कि लाहौर कुई फ़र्क़ नहीं है
सच बोल के हर शहर में ऐसे ही रहोगे

دلّی ہو کہ لاہور کوئی فرق نہیں ہے
سچ بول کے ہر شہر میں ایسے ہی رہو گے

Dilli ho ke Lahore koi farq nahin hai
Sach bol key har shehr mein aise hi rahoge

जिस पर हमारी आँख ने मोती बिछाये रात भर
भेजा वही काग़ज़ उसे हमने लिखा कुछ भी नहीं

جس پر ہماری آنکھ نے موتی بچھائے رات بھر
بھیجا وہی کاغذ اسے ہم نے لکھا کچھ بھی نہیں

Jis par hamari aankh ne moti bichhaye raat bhar
Bheja wahi kaaghaz use hamne likha kuchh bhi nahin

सुर्ख़ नीले, चाँद तारे दौड़ते हैं बर्फ़ पर
कल हमारी तर्ह ये भी धुंद में खो जायेंगे

سُرخ نیلے چاند تارے دوڑتے ہیں برف پر
کل ہماری طرح یہ بھی دُھند میں کھو جائیں گے

Surkh neele, chaand taare dorte hain burf par
Kal hamaari tarh yeh bhi dhund mein kho jayenge

इक पल की ज़िन्दगी मुझे बेहद अज़ीज़ है
पलकों पे झिलमिलाऊँगा और टूट जाऊँगा

اک پل کی زندگی مجھے بے حد عزیز ہے
پلکوں پہ جھلملاؤں گا اور ٹوٹ جاؤں گا

Ik pal ki zindagi mujhe behad azeez hai
Palkon pe jhilmilaunga aur toot jaounga

मुल्क तक़सीम हुये दिल तो सलामत हैं अभी
खिड़कियाँ हम ने खुली रक्खी हैं दीवारों में

ملک تقسیم ہوئے دل تو سلامت ہیں ابھی
کھڑکیاں ہم نے کھلی رکھی ہیں دیواروں میں

Mulk taqseem hue dil to salaamat hain abhi
Khirkiyan ham ne khuli rakkhi hain deewaron mein

हिन्दू मुस्लिम सिख ईसाई, अमरीकन मीज़ाइल हैं
तित्ली के नाजुक पंखों पर आँसू की तहरीर ग़ज़ल है

ہندو مسلم سکھ عیسائی، امریکن میزائل ہیں
تتلی کے نازک پنکھوں پر آنسو کی تحریر غزل ہے

Hindu Muslim Sikh Eisaai, Amrican mesile hain
Titli key nazuk pankhon par aansu ki tehreer ghazal hai

इजाज़त हो तो मैं इक झूट बोलूं
मुझे दुनिया से नफ़रत हो गई है

اجازت ہو تو میں اک جھوٹ بولوں
مجھے دنیا سے نفرت ہو گئی ہے

Ijazat ho to main ik jhoot bolun
Mujhe duniya se nafrat ho gai hai

कहानियों की कई बातें सच हुईं जैसे
सुनहरे शहर, समुन्दर में बहते रहते हैं

کہانیوں کی کئی باتیں سچ ہوئیں جیسے
سنہرے شہر سمندر میں بہتے رہتے ہیں

Kahaaniyon ki kai baaten sach huin jaise
Sunhare shehr, samundar mein baihte rahte hain

फूल अगर पैरों के नीचे आयेंगे
आंखों की बीनाई कम हो जायेगी

پھول اگر پیروں کے نیچے آئیں گے
آنکھوں کی بینائی کم ہو جائے گی

phool agar pairon key neeche aayenge
Ankhon ki beenaai kam ho jaayegi

मैं ज़र्द पत्तों पे शबनम सजा के लाया हूँ
किसी ने मुझसे कहा था, हिसाब दे जाओ

میں زرد پتّوں پہ شبنم سجا کے لایا ہوں
کسی نے مجھ سے کہا تھا حساب دے جاؤ

Main zard patton pe shabnam sajake laaya hoon
Kisi ne mujhse kaha tha, hisaab de jaao

एक लड़की बहुत से फूल लिये
दिल की दहलीज़ पर खड़ी होगी

ایک لڑکی بہت سے پھول لیے
دل کی دہلیز پر کھڑی ہوگی

Ek larki bahut se phool liye
Dil ki dehleez par khari hogi

ज़मीन माँ भी है, महबूब भी है, बेटी भी
ज़मीन छोड़के जाऊँ कुई सवाल नहीं

زمین ماں بھی ہے، محبوب بھی ہے بیٹی بھی
زمین چھوڑکے جاؤں کوئی سوال نہیں

Zameen maan bhi hai, mehboob bhi hai, beti bhi
Zameen chhorke jaoun koi sawaal nahin

बारिश बारिश कच्ची क़ब्र का घुलना है
जां लेवा एहसास अकेले रहने का

بارش بارش کچّی قبر کا گھلنا ہے
جاں لیوا احساس اکیلے رہنے کا

Baarish baarish kachchi qabr ka ghulna hai
Jan lewa ehsaas akele rehne ka

सुर्ख़ सुनहरा साफ़ा बांधे शहज़ादा घोड़े से उतरा
काले ग़ार से कंबल ओढ़े जोगी निकला, रात हुई

سرخ سنہرا صافہ باندھے شہزادہ گھوڑے سے اترا
کالے غار سے کمبل اوڑھے جوگی نکلا رات ہوئی

Surkh sunehra saafa baandhe shehzaada ghore se utra
Kaale gaar se kambal orhe jogi nikla, raat hui

चार दुश्मन आ मिले हैं रात की छत के तले
मुद्दतों के बाद फिर अगले ज़माने आये हैं

چار دشمن آ ملے ہیں رات کی چھت کے تلے
مدّتوں کے بعد پھر اگلے زمانے آئے ہیں

Chaar dushman aa mile hain raat ki chhat ke tale
Muddaton key baad phir agle zamaane aaye hain

जिस में अपनी परिन्दों से तशबीह थी
तुम को स्कूल की वो दुआ याद है

جس میں اپنی پرندوں سے تشبیہ تھی
تم کو اسکول کی وہ دعا یاد ہے

Jis mein apni parindon se tashbeeh thi
Tum ko school ki woh dua yaad hai

भरी दोपहर का खिला फूल है
पसीने में लड़की नहाई हुई

بھری دو پہر کا کھلا پھول ہے
پسینے میں لڑکی نہائی ہوئی

Bhari dopahar ka khila phool hai
Paseene mein larki nahaai hui

सिर्फ़ अख़बार पढ़ने वालों को
ज़िन्दगी इश्तेहार लगती है

صرف اخبار پڑھنے والوں کو
زندگی اشتہار لگتی ہے

Sirf akhbaar pahne waalon ko
Zindagi ishtehaar lagti hai

गर्म मौसम में गर्म चाये भी
बद मिज़ाजों का प्यार लगती है

گرم موسم میں گرم چائے بھی
بد مزاجوں کا پیار لگتی ہے

Garm mausam mein garm chaay bhi
Bad mizaajon ka pyaar lagti hai

ये एक पेड़ है आ इससे मिलके रो लें हम
यहां से तेरे मिरे रास्ते बदलते हैं

یہ ایک پیڑ ہے آ اس سے مل کے رولیں ہم
یہاں سے تیرے مرے راستے بدلتے ہیں

Yeh ek per hai aa isse milke rolen ham
Yahan se tere mire raaste badalte hain

वो जैसे ही दाखिल हो, सीने से मिरे लग कर
तुम कोट के कालर में इक फूल लगा देना

وہ جیسے ہی داخل ہو سینے سے مرے لگ کر
تم کوٹ کے کالر میں اک پھول لگا دینا

Woh jaise hi daakhil ho, seene se mire lag kar
Tum koat key coller main ik phool laga dena

मैं जानता हूं कि अंजाम कार क्या होगा
अकेला पत्ता अगर रात भर हवा से लड़े

میں جانتا ہوں کہ انجام کار کیا ہوگا
اکیلا پتہ اگر رات بھر ہوا سے لڑے

Main jaanta hoon ki anjaam kaar kya hoga
Akela patta agar raat bhar hawa se lare

जंगल में- एक पेड़ से आई सदा- रुको
हम लोग जा रहे थे यूंही घूमते हुये

جنگل میں ایک پیڑ سے آئی صدا رکو
ہم لوگ جا رہے تھے یونہی گھومتے ہوئے

Jangal mein ek per se aai sada ruko
Ham log ja rahe the yunhi ghoomte huye

झिलमिलाते हैं कश्तियों में दिये
पुल खड़े सो रहे हैं पानी में

جھلملاتے ہیں کشتیوں میں دیے
پُل کھڑے سو رہے ہیں پانی میں

Jhilmilaate hain kashtiyon mein diye
Pul khare so rahe hain paani mein

मैं ये समझा कि लौट आये तुम
धूप कल इतनी उजली उजली थी

میں یہ سمجھا کہ لوٹ آئے تم
دھوپ کل اتنی اجلی اجلی تھی

Main yeh samjha ke laut aaye tum
Dhoop kal itni ujli ujli thi

यहाँ एक बच्चे के खून से जो लिखा हुआ है उसे पढ़ें
अभी कीर्तन तिरा पाप है अभी मेरा सजदा हराम है

یہاں ایک بچے کے خون سے جو لکھا ہوا ہے اسے پڑھیں
ابھی کیرتن ترا پاپ ہے ابھی میرا سجدہ حرام ہے

Yahan ek bachche key khoon se jo likha hua hai use parhen
Abhi keertan tira paap hai, abhi mera sajda haraam hai

ज़िंदगी के उदास क़िस्से में
एक लड़की का नाम और सही

زندگی کے اداس قصے میں
ایک لڑکی کا نام اور سہی

Zindagi key udaas qisse mein
Ek larki ka naam aur sahi

हर मोड़ पे दो आँखें हम से यही कहती हैं
जिस तर्ह भी मुम्किन हो तुम लौट के घर आना

ہر موڑ پہ دو آنکھیں ہم سے یہی کہتی ہیں
جس طرح بھی ممکن ہو تم لوٹ کے گھر آنا

Har mor pe do aankhen ham se yahi kahti hain
Jis tarh bhi mumkin ho tum laut ke ghar aana

हमराह चलो मेरे, या राह से हट जाओ
दीवार के रोके से दरया कहाँ रुकता है

ہمراہ چلو میرے یا راہ سے ہٹ جاؤ
دیوار کے روکے سے دریا کہاں رکتا ہے

Hamraah chalo mere, ya raah se hat jaao
Deewar key roke se dariya kahan rukta hai

उस तरफ़ मर्द देखते ही नहीं
गाय, जब गाय का बदन चाटे

اس طرف مرد دیکھتے ہی نہیں
گائے جب گائے کا بدن چاٹے

Us taraf mard dekhte hi nahin
Gaay, jab gaay ka badan chaate

वक़्त के होंट हमें छू लेंगे
अनकहे बोल हैं गा लो हमको

وقت کے ہونٹ ہمیں چھو لیں گے
ان کہے بول ہیں گا لو ہم کو

Waqt key hont hamain chhoo lenge
Ankahe bol hain ga lo hamko

फूल सा कुछ कलाम और सही
इक ग़ज़ल उसके नाम और सही

پھول سا کچھ کلام اور سہی
اک غزل اس کے نام اور سہی

Phool sa kuchh kalaam aur sahi
Ik ghazal uske naam aur sahi

पहले से कुछ साफ़ नज़र आई दुनिया
जब से हमने आँखों पर पट्टी बांधी
پہلے سے کچھ صاف نظر آئی دنیا
جب سے ہم نے آنکھوں پر پٹی باندھی
Pahle se kuchh saaf nazar aai duniya
Jab se hamne aankhon par patti baandhi

पंखड़ी पंखड़ी सलामो पयाम
फूल भी है कुई लिफ़ाफ़ा क्या
پنکھڑی پنکھڑی سلام و پیام
پھول بھی ہے کوئی لفافہ کیا
Pankhri pankhri salaamo payaam
Phool bhi hai koi lifaafa kya

रोज़ तन्हाईयों में इक चेहरा
तोलता है मुझे तराज़ू सा
روز تنہائیوں میں ایک چہرہ
تولتا ہے مجھے ترازو سا
Roz tanhaaiyon mein ik chehra
Tolta hai mujhe taraazu sa

उस पहाड़ी इलाक़े में इक गाँव के मोड़ पर आती जाती बसों के लिये
दो दरख़्तों की मुश्फ़िक़ घनी छाँव में गर्म चाय की मानूस ख़ुश्बू भी है

اس پہاڑی علاقے میں اک گاؤں کے موڑ پر آتی جاتی بسوں کے لیے
دو درختوں کی مشفق گھنی چھاؤں میں گرم چائے کی مانوس خوشبو بھی ہے

Us pahaari ilaqe mein ik gaaon key mor par aati jaati buson key liye
Do darakhton ki mushfiq ghani chhaon mein garm chaay ki maanoos khushboo bhi hai

पूछा बहुत जो हम ने किस ओर अब मिलोगे
चुटकी में रेत ले कर उसने उड़ा दिया है

پوچھا بہت جو ہم نے کس اور اب ملیں گے
چٹکی میں ریت لے کر اس نے اڑا دیا ہے

Poochha bahut jo ham ne kis or ab miloge
Chutki mein ret lekar usne ura diya hai

रेल की पटरी पर मेरी शोहरत रख दी
बस के पहियों से रोज़ी रोटी बांधी

ریل کی پٹری پر میری شہرت رکھ دی
بس کے پہیوں سے روزی روٹی باندھی

Rail ki patri par meri shohrat rakh di
Bus key pahiyon se rozi roti baandhi

जब से जाना कि वो बहादुर है
दिल से कुछ दुश्मनों का डर निकला

جب سے جانا کہ وہ بہادر ہے
دل سے کچھ دشمنوں کا ڈر نکلا

Jab se jaana key woh bahadur hai
Dil se kuchh dushmanon ka dar nikla

आशिक़ी में बहुत ज़रूरी है
बेवफ़ाई, कभी कभी करली

عاشقی میں بہت ضروری ہے
بے وفائی کبھی کبھی کر لی

Aashiqi mein bahut zaroori hai
Bewafaai kabhi kabhi karli

धड़कनें दफ़्न हो गई होंगी
दिल में दीवार क्यों ख़ड़ी कर ली

دھڑکنیں دفن ہو گئی ہونگی
دل میں دیوار کیوں کھڑی کر لی

Dharkanen dafn hogai hongi
Dil mein deewaar kyon khari kar li

ये परिन्दे भी खेतों के मज़दूर हैं
लौटकर शाम तक अपने घर जायेंगे

یہ پرندے بھی کھیتوں کے مزدور ہیں
لوٹ کر شام تک اپنے گھر جائیں گے

Yeh parinde bhi kheton key mazdoor hain
Laut kar shaam tak apne ghar jaayenge

छप्परों पर दिये रख गई है हवा
ताकि फिर रोशनी की शिकायत न हो

چھپّروں پر دیے رکھ گئی ہے ہوا
تا کہ پھر روشنی کی شکایت نہ ہو

Chhapparon par diye rakh gai hai hawa
Taa ke phir roshni ki shikaayat na ho

फूल सी उंगलियां कंघियां बन गईं
उलझे बालों से माथा ढका देखकर

پھول سی انگلیاں کنگھیاں بن گئیں
الجھے بالوں سے ماتھا ڈھکا دیکھ کر

Phool si ungliyaan kanghiyan ban gain
Uljhe baalon se maatha dhaka dekh kar

दिल मोहब्बत, दीन दुनिया, शायरी
हर दरीचे से तुझे देखा करें

دل، محبت، دین، دنیا، شاعری
ہر دریچے سے تجھے دیکھا کریں

Dil mohabbat deen duniya shayri
Har dareeche se tujhe dekha karen

हल्की हल्की बारिशें होती रहें
हम भी फूलों की तरह भीगा करें

ہلکی ہلکی بارشیں ہوتی رہیں
ہم بھی پھولوں کی طرح بھیگا کریں

Halki halki baarishen hoti rahen
Ham bhi phoolon ki tarah bheega karen

अगर वाक़ई तुम परीशान हो
किसी और से तज़किरा मत करो

اگر واقعی تم پریشان ہو
کسی اور سے تذکرہ مت کرو

Agar waaqai tum parishaan ho
Kisi aur se tazkira mat karo

एक लड़की थी, खेल था उसका
गुड़िया गुड्डों का सिलसिला करना

ایک لڑکی تھی کھیل تھا اس کا
گڑیا گڈوں کا سلسلہ کرنا

Ek larki thi khel tha uska
Guriya guddon ka silsila karna

कांच के, मोतियों के, आँसू के
सब खिलौने ग़ज़ल में ढलते हैं

کانچ کے، موتیوں کے، آنسو کے
سب کھلونے غزل میں ڈھلتے ہیں

Kaanch key motiyon key aansu key
Sab khilone ghazal mein dhalte hain

घर नया, बर्तन नये, कपड़े नये
इन पुराने काग़ज़ों का क्या करें

گھر نیا، برتن نئے، کپڑے نئے
ان پرانے کاغذوں کا کیا کریں

Ghar naya bartan naye kapre naye
In puraane kaagazon ka kya karen

देखो वो फिर से आ गईं फूलों पे तितलियां
इक रोज़ वो भी आयेगा अफ़सोस मत करो

دیکھو وہ پھر سے آ گئیں پھولوں پہ تتلیاں
اک روز وہ بھی آئے گا افسوس مت کرو

Dekho woh phir se aa gain phoolon pe titliyan
Ik roz woh bhi aayega afsos mat karo

शिद्दत की धूप तेज़ हवाओं के बावजूद
मैं शाख़ से गिरा हूँ नज़र से गिरा नहीं

شدّت کی دھوپ تیز ہواؤں کے باوجود
میں شاخ سے گرا ہوں نظر سے گرا نہیں

Shiddat ki dhoop tez hawaon key bawajoo
Main shaakh se gira hoon nazar se gira nahi

मेरे घर की तरफ़ धूप की पीठ थी
आते आते इधर चाँदनी रह गई

میرے گھر کی طرف دھوپ کی پیٹھ تھی
آتے آتے ادھر چاندنی رہ گئی

Mere ghar ki taraf dhoop ki peeth thi
Aate aate idhar chaandni rah gai

इक शाम की दहलीज़ पर बैठे रहे वो देर तक
आँखों से कीं बातें बहुत, मुंह से कहा कुछ भी नहीं

اک شام کی دہلیز پر بیٹھے رہے وہ دیر تک
آنکھوں سے کیں باتیں بہت منھ سے کہا کچھ بھی نہیں

k shaam ki dehleez par baithe rahe woh der tak
ankhon se kin baaten bahut munh se kaha kuchh bhi nahin

दो चार दिन की बात है दिल ख़ाक में सो जायेगा
जब आग पर काग़ज़ रखा बाक़ी बचा कुछ भी नहीं

دو چار دن کی بات ہے دل خاک میں سو جائے گا
جب آگ پر کاغذ رکھا باقی بچا کچھ بھی نہیں

Do chaar din ki baat hai dil khak mein so jaayega
Jab aag par kagaz rakha baaqi bacha kuchh bhi nahin

धूप में छाँव हो, छाँव में धूप हो, चाँदनी चाँदनी दिल में चाहत रहे
ये दुआ है ख़ुदा, मेरा अच्छा सनम, मेरी अच्छी सी दुनिया सलामत रहे

دھوپ میں چھاؤں ہو، چھاؤں میں دھوپ ہو، چاندنی چاندنی دل میں چاہت رہے
یہ دعا ہے خدا، میرا اچھا صنم، میری اچھی سی دنیا سلامت رہے

oop mein chhaon ho, chhaon mein dhoop ho, chandni chandni dil mein chaahat rahe
dua hai khuda, mera achha sanam, meri achhi si duniya salaamat rahe

जब उसकी नवाज़िश होती है ये मोजिज़ः तब हो जाता है
अल्फ़ाज़ महकने लगते हैं काग़ज़ भी अदब हो जाता है

جب اس کی نوازش ہوتی ہے یہ معجزہ تب ہو جاتا ہے
الفاظ مہکنے لگتے ہیں کاغذ بھی ادب ہو جاتا ہے

Jab uski nwaazish hoti hai yeh mojiza tab ho jaata hai
Alfaaz mahakne lagte hain kaagaz bhi adab ho jaata hai

मिरी छत से रात की सेज तक कुई आंसुओं की लकीर है
ज़रा बढ़ के चाँद से पूछना वो इसी तरफ़ से गया न हो

مری چھت سے رات کی سیج تک کوئی آنسوؤں کی لکیر ہے
ذرا بڑھ کے چاند سے پوچھنا وہ اسی طرف سے گیا نہ ہو

Miri chhat se raat ki sej tak koi aansuon ki lakeer hai
Zara barh key chaand se poochhna woh isi taraf se gaya na ho

मैं भी आ ही गया तेरे बाज़ार तक
रोज़ चेहरे पे चेहरा बदलता हुआ

میں بھی آ ہی گیا تیرے بازار تک
روز چہرے پہ چہرہ بدلتا ہوا

Main bhi aa hi gaya tere baazaar tak
Roz chehre pe chehra badalta hua

पत्थर बदला, पानी बदला, बदला क्या
इंसां तो जज़्बाती था, जज़्बाती है

پتھر بدلا، پانی بدلا، بدلا کیا
انساں تو جذباتی تھا جذباتی ہے

Patthar badla paani badla badla kya
Insan to jazbaati tha jazbaati hai

इतनी सियाह रात में किस को सदाएं दूँ
ऐसा चराग़ दे जो कभी बोलता भी हो

اتنی سیاہ رات میں کس کو صدائیں دوں
ایسا چراغ دے جو کبھی بولتا بھی ہو

Itni siyah raat mein kis ko sdaayen doon
Aisa chiraag de jo kabhi bolta bhi ho

अल्लाह ने नवाज़ दिया है तो ख़ुश रहो
तुम क्या समझ रहे हो ये शोहरत ग़ज़ल से है

اللہ نے نواز دیا ہے تو خوش رہو
تم کیا سمجھ رہے ہو یہ شہرت غزل سے ہے

Allaah ne nawaaz diya hai to khush raho
Tum kya samajh rahe ho yeh shohrat ghazal se hai

दौड़ते हैं फूल बस्तों को लिये
पावों पावों तितलियां चलने लगीं

دوڑتے ہیں پھول بستوں کو لیے
پاؤں پاؤں تتلیاں چلنے لگیں

Dorte hain phool baston ko liye
Paaon paaon titliyan chalne lagin

नीला सफ़ेद कोट ज़मीं पर बिछा रहा
वो मुझको आसमान पे ले कर चली गई

نیلا سفید کوٹ زمیں پر بچھا رہا
وہ مجھکو آسمان پہ لے کر چلی گئی

Neela safed koat zamin par bichha raha
Woh mujhko aasmaan pe le kar chali gai

तू एक हाथ में ले आग, एक में पानी
तमाम रात हवा में, जला बुझा मुझको

تو ایک ہاتھ میں لے آگ ایک میں پانی
تمام رات ہوا میں جلا بجھا مجھ کو

Too ek haath mein le aag, ek mein paani
Tamaam raat hawa mein, jalaa bujhaa mujhko

चाँद मेहराब पे सोई हुई इक आयत है
बे वज़ू आँखें हैं पढ़ते हुये डर लगता है

چاند محراب پہ سوئی ہوئی اک آیت ہے
بے وضو آنکھیں ہیں پڑھتے ہوئے ڈر لگتا ہے

Chaand mehraab pe soi hui ik aayat hai
Be wazu aankhen hain parhte hue dar lagta hai

ज़ेहन में तितलियां उड़ रही हैं बहुत
कोई धागा बहन बांधने के लिये

ذہن میں تتلیاں اڑ رہی ہیں بہت
کوئی دھاگا بہن باندھنے کے لیے

Zehn mein titliyan ur rahi hain bahut
Koi dhaaga bahan baandhne key liye

है अजीब शहर की जिंदगी न सफ़र रहा न क़याम है
कहीं कारोबार सी दोपहर कहीं बदमिज़ाज सी शाम है

ہے عجیب شہر کی زندگی نہ سفر رہا نہ قیام ہے
کہیں کاروبار سی دوپہر، کہیں بدمزاج سی شام ہے

Hai ajeeb shehr ki zindagi na safar raha na qayaam hai
Kahin karobar si dopahar kahin badmizaaj si shaam hai

हम क्या जानें दीवारों से कैसे धूप उतरती होगी
रात रहे बाहर जाना है, रात गये घर आना बाबा

ہم کیا جانیں دیواروں سے کیسے دھوپ اترتی ہوگی
رات رہے باہر جانا ہے رات گئے گھر آنا بابا

Ham kya janen deewaaron se kaise dhoop utarti hogi
Raat rahe baahar jana hai, raat gaye ghar aana baba

हाथ को हाथ छू नहीं सकते
उंगलियों का नसीब दस्ताने

ہاتھ کو ہاتھ چھو نہیں سکتے
انگلیوں کا نصیب دستانے

Haath ko haath chhoo nahin sakte
Ungliyon ka naseeb dastaane

पीठ पर बिस्तरों को बांधे हुये
पेड़ से चींटियां उतरने लगीं

پیٹھ پر بستروں کو باندھے ہوئے
پیڑ سے چینٹیاں اُترنے لگیں

Peeth par bistaron ko bandhe huye
Per se cheetiyan utarne lagin

मैं आस्मानो-ज़मीं की हदें मिला देता
कुई सितारा अगर झुक के चूमता मुझको

میں آسمان و زمیں کی حدیں ملا دیتا
کوئی ستارہ اگر جھک کے چومتا مجھ کو

Main aasmano zamin ki haden mila deta
Koi sitara agar jhuk key choomta mujhko

धूप नई बेल बाटम पहने सड़कों की कश्ती पर तैरे
राख का कुर्ता, धूल की लुंगी अपना भेस पुराना बाबा

دھوپ نئی بیل باٹم پہنے سڑکوں کی کشتی پر تیرے
رات کا کرتا، دھول کی لنگی، اپنا بھیس پرانا بابا

Dhoop nai bell botam pehne sarkon ki kashti par taire
Raakh ka kurta, dhool ki lungi apna bhes puraana baba

जिस लकड़ी को अन्दर अन्दर दीमक बिल्कुल चाट चुकी हो
उसको ऊपर से चमकाना, राख पे धूप जमाना बाबा

جس لکڑی کو اندر اندر دیمک بالکل چاٹ چکی ہو
اس کو اوپر سے چمکانا راکھ پہ دھوپ جمانا بابا

Jis lakri ko andar andar deemak bilkul chaat chuki ho
Usko oopar se chamkaana, raakh pe dhoop jamaana baba

मोहब्बत से, इनायत से, वफ़ा से चोट लगती है
बिखरता फूल हूं, मुझको हवा से चोट लगती है

محبت سے، عنایت سے، وفا سے، چوٹ لگتی ہے
بکھرتا پھول ہوں مجھکو ہوا سے چوٹ لگتی ہے

Mohabbat se, inaayat se, waafa se chot lagti hai
Bikharta phool hoon, mujhko hawa se chot lagti hai

मिरी आँखों में आँसू की तरह इक रात आ जाओ
तकल्लुफ़ से, बनावट से अदा से चोट लगती है

مری آنکھوں میں آنسو کی طرح اک رات آجاؤ
تکلف سے، بناوٹ سے، ادا سے، چوٹ لگتی ہے

Miri aankhon mein aansoo ki tarah ik raat aa jaao
Takalluf se, banaawat se ada se chot lagti hai

पास से देखो जुग्नू, आँसू, दूर से देखो तारा आँसू
मैं फूलों की सेज पे बैठा, आधी रात का तन्हा आंसू

پاس سے دیکھو جگنو آنسو، دور سے دیکھو تارہ آنسو
میں پھولوں کی سیج پہ بیٹھا آدھی رات کا تنہا آنسو

Pass se dekho jugnu, aansoo, door se dekho tara aansoo
Main phoolon ki sej pe baitha, aadhi raat ka tanha aansoo

अख़्लाक़, वफ़ा, चाहत, सब रेश्मी कपड़े हैं
हर रोज़ न ओढ़ा कर इन क़ीम्ती शालों को

اخلاق ، وفا، چاہت سب ریشمی کپڑے ہیں
ہر روز نہ اوڑھا کر ان قیمتی شالوں کو

Akhlaaq, wafa, chaahat, sab reshmi kapre hain
Har roz na orha kar in qeemti shaalon ko

चिड़ियों के लिये चावल, पौदों के लिये पानी
थोड़ी सी मोहब्बत दे हम चाहने वालों को

چڑیوں کے لیے چاول، پودوں کے لیے پانی
تھوڑی سی محبت دے ہم چاہنے والوں کو

Chiriyon key liye chaawal, paudon key liye paani
Thori si mohabbat de ham chaahne waalon ko

मौला मुझे पानी दे, मैंने नहीं मांगा है
चांदी के कटोरों को, सोने के प्यालों को

مولا مجھے پانی دے میں نے نہیں مانگا ہے
چاندی کے کٹوروں کو سونے کے پیالوں کو

Mola mujhe paani de, main ne nahin manga hai
Chaandi key katoron ko, sone key pyalon ko

सोने के फूल पत्ते गिरेंगे ज़मीन पर
मैं ज़र्द ज़र्द शाख़ों पे जब गुनगुनाऊंगा

سونے کے پھول پتے گریں گے زمین پر
میں زرد زرد شاخوں پہ جب گنگناؤں گا

Sone key phool patte girenge zameen par
Main zard zard shakhon pe jab gungunaounga

बीच बाज़ार में गा रहा था कुई
आओ न मेरी जां चाँदनी चौक में

بیچ بازار میں گا رہا تھا کوئی
آؤ نا میری جاں چاندنی چوک میں

Beech bazaar mein ga raha tha koi
Aao na meri jan chaandni chowk mein

दरवाज़े आस्मान के खुलने दो दोस्तो
निकलेगा मुस्कुराता हुआ, शामे-ग़म का चाँद

دروازے آسمان کے کھلنے دو دوستو
نکلے گا مسکراتا ہوا شامِ غم کا چاند

Darwaaze aasmaan key khulne do dosto
Niklega muskurata hua shaame gham ka chaand

एक गांव में दो बारातें, शायद दूल्हा बदल गया है
मेरी आँख में तेरा आँसू, तेरी आँख में मेरा आँसू

ایک گاؤں میں دو باراتیں شاید دولہا بدل گیا ہے
میری آنکھ میں تیرا آنسو، تیری آنکھ میں میرا آنسو

Ek gaon mein do baaraaten, shaayad dulha badal gaya hai
Meri aankh mein tera aansoo, teri aankh mein mera aansoo

इस रूमाल को काम में लाओ अपना चेहरा साफ़ करो
मैला मैला चाँद नहीं है, धूल जमी है आँखों में

اس رومال کو کام میں لاؤ اپنا چہرہ صاف کرو
میلا میلا چاند نہیں ہے دھول جمی ہے آنکھوں میں

Is roomaal ko kaam mein lao apna chehra saaf karo
Maila maila chaand nahin hai, dhool jami hai aankhon mein

फूल की आँख में शबनम क्यों है
सब हमारी ही ख़ता हो जैसे

پھول کی آنکھ میں شبنم کیوں ہے
سب ہماری ہی خطا ہو جیسے

Phool ki aankh mein shabnam kyun hai
Sab hamaari hi khata ho jaise

वो अनपढ़ था फिर भी उसने पढ़े लिखे लोगों से कहा
इक तस्वीर, कई ख़त भी हैं, साहिब आप की रद्दी में
وہ ان پڑھ تھا پھر بھی اُسنے پڑھے لکھے لوگوں سے کہا
اک تصویر کئی خط بھی ہیں، صاحب آپ کی ردّی میں
Woh anparh tha phir bhi usne parhe likhe logon se kaha
Ik tasweer, kai khat bhi hain, saaheb aap ki raddi mein

वो ख़ुद हारे हुये हैं ज़िन्दगी से
जो दुनिया पर हुकूमत कर रहे हैं
وہ خود ہارے ہوئے ہیں زندگی سے
جو دنیا پر حکومت کر رہے ہیں
Woh khud haare hue hain zindagi se
Jo duniya par hukoomat kar rahe hain

आहटें चिलमनों से कहती हैं
क़ैद कब तक रहेंगे हम बाबा
آہٹیں چلمنوں سے کہتی ہیں
قید کب تک رہیں گے ہم بابا
Aahaten chilmanon se kahti hain
Qaid kab tak rahenge ham baba

जो कहूंगा सच कहूंगा यही फ़ैसला किया है
जो लिखूंगा सच लिखूंगा यही फ़ैसला किया है

جو کہوں گا سچ کہوں گا یہی فیصلہ کیا ہے
جو لکھوں گا سچ لکھوں گا یہی فیصلہ کیا ہے

Jo kahunga sach kahunga yehi faisla kiya hai
Jo likhunga sach likhunga yehi faisla kiya hai

अगर हम साहिलों पर डोर कांटे ले के बैठेंगे
तो मौजों में चमकती तितलियों को कौन देखेगा

اگر ہم ساحلوں پر ڈور کانٹے لے کے بیٹھیں گے
تو موجوں میں چمکتی تتلیوں کو کون دیکھے گا

Agar ham saahilon par door kaante leke baithenge
To maujon mein chamakti titliyon ko kaun dekhega

तमाम रिश्तों को मैं घर पे छोड़ आया था
फिर उसके बाद मुझे कोई अजनबी न मिला

تمام رشتوں کو میں گھر پہ چھوڑ آیا تھا
پھر اسکے بعد مجھے کوئی اجنبی نہ ملا

Tamaam rishton ko main ghar pe chhor aaya tha
phir uske baad mujhe koee ajnabi na mila

आओ जाना बादलों के साथ साथ
धूप जाती है कहाँ पीछा करें

آؤ جاناں بادلوں کے ساتھ ساتھ
دھوپ جاتی ہے کہاں پیچھا کریں

Aao jaana baadlon ke saath saath
dhoop jaati hai kahaan peecha karen

दिल को अब तेज़ाब से धोना पड़ता है
गंगा जल बेकार करेगा चल झूटे

دل کو اب تیزاب سے دھونا پڑتا ہے
گنگا جل بیکار کرے گا چل جھوٹے

Dil ko ab tezaab se dhona parta hai
Ganga jal bekaar karega chal jhoote

हक़ हमारा नहीं दरख़्तों पर
ये परिन्दों के आशियाने हैं

حق ہمارا نہیں درختوں پر
یہ پرندوں کے آشیانے ہیں

Haq hamaara nahin darakhton par
Yeh parindon ke aashyaane hain

मिरे साथ चलने के शौक़ में बड़ी धूप सर पे उठायेगा
तिरा नाक नक़्शा है मोम का कहीं ग़म की आग घुला न दे

مرے ساتھ چلنے کے شوق میں بڑی دھوپ سر پہ اٹھائیگا
ترا ناک نقشہ ہے موم کا کہیں غم کی آگ گھلا نہ دے

Mire saath chalne ke shauq mein bari dhoop sar pe uthayega
Tira naak naqsha hai mom ka kahin gam ki aag ghula na de

वो शाख़ है न फूल अगर तितलियां न हों
वो घर भी कोई घर है जहां बच्चियां न हों

وہ شاخ ہے نہ پھول اگر تتلیاں نہ ہوں
وہ گھر بھی کوئی گھر ہے جہاں بچیاں نہ ہوں

Woh shaakh hai na phool agar titliyaan na hon
Woh ghar bhi koee ghar hai jahaan bachchiyaan na hon

मैं पूछता हूँ मेरी गली में वो आये क्यों
जिस डाकिये के पास तिरी चिट्ठियां न हों

میں پوچھتا ہوں میری گلی میں وہ آئے کیوں
جس ڈاکیئے کے پاس تری چٹھیاں نہ ہوں

Main poochta hoon meri gali mein wo aaye kyun
Jis daakiye ke paas teri chiththiyaan na hon

सुब्ह का झरना हमेशा हंसने वाली औरतें
झुटपुटे की नदियां खामोश गहरी औरतें

صبح کا جھرنا' ہمیشہ ہنسنے والی عورتیں
جھٹپٹے کی ندیاں خاموش گہری عورتیں

Subh ka jharna, hamesha hansne waali aurten
Jhutpute ki naddiyaan khaamosh gehri aurten

सब्ज़, नारंजी, सुनहरी, खट्टी मीठी लड़कियां
भारी जिस्मों वाली टपके आम जैसी औरतें

سبز ،نارنجی' سنہری' کھٹی' میٹھی لڑکیاں
بھاری جسموں والی ٹپکے آم جیسی عورتیں

Sabz, naarangi, sunhari, khatti meethi larkiyaan
bhaari jismon waali tapke aam jaisi aurten

शहर में इक बाग़ है और बाग़ में तालाब है
तैरती हैं उसमें सातों रंग वाली औरतें

شہر میں اک باغ ہے اور باغ میں تالاب ہے
تیرتی ہیں اس میں ساتوں رنگ والی عورتیں

Shehr mein ik baagh hai aur baagh mein taalaab hai
tairti hain usmen saaton rang waali aurten

तुम्हारे घर के सभी रास्तों को काट गई
हमारे हाथों में कोई लकीर ऐसी थी
تمہارے گھر کے سبھی راستوں کو کاٹ گئی
ہمارے ہاتھوں میں کوئی لکیر ایسی تھی

Tumhaare ghar ke sabhi raaston ko kaat gai
hamaare haathon mein koee lakeer aisi thi

उसी में सब थे, मिरी माँ, बहन भी, बेटी भी
समझ रहा था जिसे मैं, वो ऐसी वैसी थी
اُسی میں سب تھے، مری ماں، بہن بھی، بیٹی بھی
سمجھ رہا تھا جسے میں وہ ایسی ویسی تھی

Usi mein sab they, miri maan, bahan bhi, beti bhi
Samajh raha tha jise main woh aisi waisi thi

जहाँ वादियों में नये फूल आये
हमारी तुम्हारी मुलाक़ात होगी
جہاں وادیوں میں نئے پھول آئے
ہماری تمہاری ملاقات ہوگی

Jahaan waadiyon mein nae phool aaye
Hamaari tumhaari mulaaqaat hogi

मंदिर मस्जिद बनते हैं बनते बनते मिट जाते हैं
चमक रहा था चमक रहा है अल्लह तेरो नाम

مندر مسجد بنتے ہیں بنتے بنتے مٹ جاتے ہیں
چمک رہا تھا چمک رہا ہے اللہ تیرو نام

Mandir masjid bante hain bante bante mit jaate hain
Chamak raha tha chamak raha hai allah tero naam

कुई फूल सा हाथ कान्धे पे था
मिरे पांव शोलों पे चलते रहे

کوئی پھول سا ہاتھ کاندھے پہ تھا
مرے پاؤں شعلوں پہ چلتے رہے

Koi phool sa haath kaandhe pe tha
Mire paon sholon pe chalte rahe

उड़ने दो परिन्दों को अभी शोख़ हवा में
फिर लौट के बचपन के ज़माने नहीं आते

اُڑنے دو پرندوں کو ابھی شوخ ہوا میں
پھر لوٹ کے بچپن کے زمانے نہیں آتے

Urne do parindon ko abhi shokh hawa mein
Phir laut ke bachpan ke zamaane nahin aate

सब्ज़ सोने के पहाड़ों पर क़तार अंदर क़तार
सर से सर जोड़े खड़ी हैं लम्बी लम्बी औरतें

سبز سونے کے پہاڑوں پر قطار اندر قطار
سر سے سر جوڑے کھڑی ہیں لانبی لانبی عورتیں

Sabz sone ke pahaaron par qataar andar qataar
Sar se sar jore khari hain lambi lambi aurten

ऐसा लगा कि हम तुम कोहरे पे चल रहे हों
दो फूल ऊँची नीची लहरों पे बह रहे थे

ایسا لگا کہ ہم تم کہرے پہ چل رہے ہوں
دو پھول اونچی نیچی لہروں پہ بہہ رہے تھے

Aisa laga ki ham tum kohre pe chal rahe hon
Do phool oonchi neechi lehron pe beh rahe they

अक्सर शराब पीकर पढ़ती थी वह दुआयें
हम एक ऐसी लड़की के साथ रह रहे थे

اکثر شراب پی کر پڑھتی تھی وہ دعائیں
ہم ایک ایسی لڑکی کے ساتھ رہ رہے تھے

Aksar sharaab pee kar parhti thi woh duaaen
Ham eik aisi larki ke saath rah rahe they

इक दूजे से मिलकर पूरे होते हैं
आधी आधी एक कहानी हम दोनों

اک دوجے سے مل کر پورے ہوتے ہیں
آدھی آدھی ایک کہانی ہم دونوں

Ik dooje se milkar poore hote hain
Aadhi aadhi eik kahaani ham donon

उसके आंसू सा, उसके गेसू सा
मेरा सारा कलाम ख़ुश्बू सा

اس کے آنسو سا اس کے گیسو سا
میرا سارا کلام خوشبو سا

Uske aansoo sa uske gesoo sa
Mera saara kalaam khusboo sa

उदासी के सावन बरस दो बरस
जवानी गई फिर ये मौसम कहाँ

اُداسی کے ساون برس دو برس
جوانی گئی پھر یہ موسم کہاں

Udaasi ke saawan baras do baras
Jawaani gai phir yeh mausam kahaan

आसमानों को हमने बताया नहीं
डूबती शाम में डूबता कौन है

آسمانوں کو ہم نے بتایا نہیں
ڈوبتی شام میں ڈوبتا کون ہے

Aasmaanon ko hamne bataaya nahin
Doobti shaam mein doobta kaun hai

अंगनाई में खड़े हुये बेरी के पेड़ से
वो लोग चलते वक़्त गले मिल के रोये थे

انگنائی میں کھڑے ہوئے بیری کے پیڑ سے
وہ لوگ چلتے وقت گلے مل کے روئے تھے

Angnaai mein khare hue beri ke per se
Woh log chalte waqt gale mil ke roye they

इस हादसे से मेरा तअल्लुक़ नहीं कुई
मेले में एक साल कई बच्चे खोये थे

اس حادثے سے میرا تعلق نہیں کوئی
میلے میں ایک سال کئی بچے کھوئے تھے

Is haadse se mera t-alluq nahin koi
mele mein eik saal kai bachche khoye they

वो एक बूढ़ी जो पुल पर उदास बैठी है
उसी की आँख में लिक्खा है ज़िंदगी हूँ मैं

وہ ایک بوڑھی جو پُل پر اُداس بیٹھی ہے
اُسی کی آنکھ میں لکھا ہے زندگی ہوں میں

Woh eik boorhi jo pul par udaas baithi hai
Usi ki aankh mein likkha hai zindagi hun main

मेरे होंटों के फूल सूख गये
तुम ने क्या मुझसे बेवफाई की

میرے ہونٹوں کے پھول سوکھ گئے
تم نے کیا مجھ سے بے وفائی کی

Mere honton ke phool sookh gaye
Tum ne kya mujhse bewafaai ki

मेरे बारे में हवाओं से वो कब पूछेगा
ख़ाक जब ख़ाक में मिल जायेगी तब पूछेगा

میرے بارے میں ہواؤں سے وہ کب پوچھے گا
خاک جب خاک میں مل جائے گی تب پوچھے گا

Mere baare mein hawaaon se woh kab poochhega
Khaak jab khaak mein mil jaaegi tab poochhega

उनसे कह देना मैं पैदल नहीं आने वाला
कोई बादल मुझे कांधे पे बिठा कर ले जाय
ان سے کہہ دینا میں پیدل نہیں آنے والا
کوئی بادل مجھے کاندھے پہ بٹھا کر لے جائے
Unse kah dena main paidal nahin aane waala
koee baadal mujhe kaandhe pe bitha kar le jaay

आंसुओं से मिरी हथेली पर
कौन पढ़ता कि उसने लिक्खा क्या
آنسوؤں سے مری ہتھیلی پر
کون پڑھتا کہ اس نے لکھا کیا
Aansuon se miri hatheli par
Kaun parhta ki usne likkha kya

सितारे राह के हैं मीरो ग़ालिबो इक़बाल
क़लम हूँ बच्चे का, तख़्ती नई नई हूँ मैं
ستارے راہ کے ہیں میر و غالب و اقبال
قلم ہوں بچے کا، تختی نئی نئی ہوں میں
Sitare raah ke hain Miro Ghalibo Iqbal
Qalam hoon bachche ka, takhti nai nai hun main

कभी पा के तुझको खोना, कभी खो के तुझको पाना
ये जनम जनम का रिश्ता तिरे मेरे दर्मियां है

کبھی پا کے تجھ کو کھونا، کبھی کھو کے تجھکو پانا
یہ جنم جنم کا رشتہ ترے میرے درمیاں ہے

Kabhi pa ke tujhko khona, kabhi kho ke tujhko pana
Yeh janam janam ka rishta tire mere darmiyan hai

खुद उसके बाप ने पहचान कर न पहचाना
वो लड़की पिछले फ़सादात में जो खोई थी

خود اسکے باپ نے پہچان کر نہ پہچانا
وہ لڑکی پچھلے فسادات میں جو کھوئی تھی

Khud uske baap ne pehchaan kar na pehchaana
Woh larki pichhle fasaadaat mein jo khoi thi

मैं आग था फूलों में तब्दील हुआ कैसे
बच्चों की तरह उसने चूमा मिरे गालों को

میں آگ تھا پھولوں میں تبدیل ہوا کیسے
بچوں کی طرح اس نے چوما مرے گالوں کو

Main aag tha phoolon mein tabdeel hua kaise
Bachchon ki tarah usne chooma mire gaalon ko

वो थका हुआ मिरी बाहों में ज़रा सो गया था तो क्या हुआ
अभी मैंने देखा है चाँद भी किसी शाख़े गुल पे झुका हुआ

وہ تھکا ہوا مری بانہوں میں ذرا سو گیا تھا تو کیا ہوا
ابھی میں نے دیکھا ہے چاند بھی کسی شاخِ گل پہ جھکا ہوا

Woh thaka hua miri baahon mein zara so gaya tha to kya hua
Abhi maine dekha hai chaand bhi kisi shaakhe gul pe jhuka hua

क्यों चाँदनी रातों में दरया पे नहाते हो
सोये हुये पानी में क्या आग लगानी है

کیوں چاندنی راتوں میں دریا پہ نہاتے ہو
سوئے ہوئے پانی میں کیا آگ لگانی ہے

Kyun chaandni raaton mein darya pe nahaate ho
Soye huye paani mein kya aag lagaani hai

कभी दिन की धूप में झूम के कभी शब के फूल को चूम के
यूंही साथ साथ चलें सदा कभी ख़त्म अपना सफ़र न हो

کبھی دن کی دھوپ میں جھوم کے کبھی شب کے پھول کو چوم کے
یوں ہی ساتھ ساتھ چلیں سدا کبھی ختم اپنا سفر نہ ہو

Kabhi din ki dhoop mein jhoom ke kabhi shab ke phool ko choom ke
Yun hi saath saath chalen sada kabhi khatm apna safar na ho

चराग़ पानी में मौजों से पूछते होंगे
वो कौन लोग हैं जो कश्तियां डुबोते हैं

چراغ پانی میں موجوں سے پوچھتے ہونگے
وہ کون لوگ ہیں جو کشتیاں ڈبوتے ہیں

Chirag paani mein maujon se poochhte honge
Woh kaun log hain jo kashtiyaan dubote hain

किसी की राह में देहलीज़ पर दिये न रखो
किवाड सूखी हुई लकड़ियों के होते हैं

کسی کی راہ میں دہلیز پر دیے نہ رکھو
کواڑ سوکھی ہوئی لکڑیوں کے ہوتے ہیں

Kisi ki raah mein dehleez par diye na rakho
Kiwar sookhi hui lakriyon ke hote hain

तुम मिरी ज़िन्दगी हो ये सच है
ज़िन्दगी का मगर भरोसा क्या

تم مری زندگی ہو یہ سچ ہے
زندگی کا مگر بھروسہ کیا

Tum miri zindagi ho yeh sach hai
Zindagi ka magar bharosa kya

खुदा के लिये चांदनी रात में
अकेले अकेले फिरा मत करो

خدا کے لیے چاندنی رات میں
اکیلے اکیلے پھرا مت کرو

Khuda ke liye chaandni raat mein
Akele akele phira mat karo

ये सोच लो अब आख़िरी साया है मोहब्बत
इस दर से उठोगे तो कोई दर न मिलेगा

یہ سوچ لو اب آخری سایہ ہے محبت
اس در سے اٹھوگے تو کوئی در نہ ملے گا

Yeh soch lo ab aakhiri saaya hai mohabbat
Is dar se uthoge to koi dar na mile ga

भीगी हुई आँखों का ये मंज़र न मिलेगा
घर छोड़के मत जाओ कहीं घर न मिलेगा

بھیگی ہوئی آنکھوں کا یہ منظر نہ ملے گا
گھر چھوڑ کے مت جاؤ کہیں گھر نہ ملے گا

Bheegi hui aankhon ka yeh manzar na milega
ghar chhorke mat jaao kahin ghar na milega

उसकी रहमत ने मिरे बच्चे के माथे पर लिखा
इस परिन्दे के परों पर आसमां सजदा करे

اُسکی رحمت نے مرے بچّے کے ماتھے پر لکھا
اس پرندے کے پروں پر آسماں سجدہ کرے

Uski rahmat ne mire bachche ke maathe par likha
Is parinde ke paron par aasman sajda kare

मैं शीशे के घर में पत्थर की मछली
दरया की ख़ुश्बू मुझमें क्यों आती है

میں شیشے کے گھر میں پتھّر کی مچھلی
دریا کی خوشبو مجھ میں کیوں آتی ہے

Main cheeshe ke ghar mein patthar ki machhli
Darya ki khushbu mujh mein kyun aati hai

दिल की बस्ती अभी कहाँ बदली
ये मोहल्ले बहुत पुराने हैं

دل کی بستی ابھی کہاں بدلی
یہ محلّے بہت پُرانے ہیں

Dil ki basti abhi kahaan badli
Yeh mohalle bahut purane hain

लौ की तरह चराग़ का क़ैदी नहीं हूँ मैं
अच्छा हुआ कि अपना मकां कोई भी न था

لو کی طرح چراغ کا قیدی نہیں ہوں میں
اچھا ہوا کہ اپنا مکاں کوئی بھی نہ تھا

Lau ki tarah chiraag ka qaidi nahin hun main
Achcha hua ke apna makaan koee bhi na tha

मैं शाहराह नहीं रास्ते का पत्थर हूँ
यहाँ सवार भी पैदल उतर के चलते हैं

میں شاہراہ نہیں راستے کا پتھر ہوں
یہاں سوار بھی پیدل اُتر کے چلتے ہیں

Main shaahraah nahin raaste ka patthar hun
Yahaan sawaar bhi paidal utar ke chalte hain

मुतमइन हैं ज़रा अमीरो ग़रीब
हर मुसीबत मिडिल क्लास की है

مطمئن ہیں ذرا امیر و غریب
ہر مصیبت مڈل کلاس کی ہے

Mutmain hain zara ameero gareeb
Har museebat middle class ki hai

लोबान में चिंगारी जैसे कुई रख जाये
यूं याद तिरी शब भर सीने में सुलगती है

لوبان میں چنگاری جیسے کوئی رکھ جائے
یوں یاد تری شب بھر سینے میں سلگتی ہے

Lobaan mein chingaari jaise koi rakh jaaye
Yun yaad tiri shab bhar seene mein sulagti hai

तमाम रात चराग़ों में मुस्कुराती है
तो अब नहीं है मगर उसकी रोशनी हूँ मैं

تمام رات چراغوں میں مسکراتی ہے
وہ اب نہیں ہے مگر اس کی روشنی ہوں میں

Tamaam raat charaagon mein muskuraati hai
Woh ab nahin hai magar uski roshni hun main

इरादे हौसले, कुछ ख़्वाब कुछ भूली हुई यादें
ग़ज़ल के एक धागे में कई मोती पिरोए हैं

ارادے، حوصلے، کچھ خواب کچھ بھولی ہوئی یادیں
غزل کے ایک دھاگے میں کئی موتی پروئے ہیں

Iraade, hosle, kuchh khwab kuchh bhooli hui yaaden
Gazal ke eik dhage mein kai mooti piroye hain

धूप का प्यार खूबसूरत है
आग के फूल भी सुहाने हैं

دھوپ کا پیار خوبصورت ہے
آگ کے پھول بھی سہانے ہیں

Dhoop ka pyar khubsoorat hai
Aag ke phool bhi suhaane hain

तू मुझसे तेज़ चलेगा तो रास्ता दूंगा
दुआ के फूल तिरी राह में बिछा दूंगा

تو مجھ سے تیز چلے گا تو راستہ دونگا
دعا کے پھول تری راہ میں بچھا دونگا

Too mujhse tez chalega to raasta dunga
Dua ke phool tiri raah mein bichha dunga

वो चाँद जब मिरी पलकों पे फूल रखेगा
मैं अपने बच्चे को इक आसमां नया दूंगा

وہ چاند جب مری پلکوں پہ پھول رکھے گا
میں اپنے بچے کو اک آسماں نیا دونگا

Woh chaand jab miri palkon pe phool rakkhega
Main apne bachche ko ik aasman naya dunga

ग़मों की आयतें शब भर छतों पे चलती हैं
इमामबाड़ों से सैदानियां निकलती हैं

غموں کی آیتیں شب بھر چھتوں پہ چلتی ہیں
امام باڑوں سے سیدانیاں نکلتی ہیں

Gamon ki aayaten shab bhar chhaton pe chalti hain
Imaam baaron se saidaaniyan nikalti hain

हर आँसू में कुई तस्वीर अक्सर झिलमिलाती है
तुम्हें आँखें बतायेंगी दियों में कौन जलता है

ہر آنسو میں کوئی تصویر اکثر جھلملاتی ہے
تمھیں آنکھیں بتائیں گی دیوں میں کون جلتا ہے

Har aansu mein koi tasweer aksar jhilmilaati hai
Tumhen aankhen bataayengi diyon mein kaun jalta hai

धूप कब तक मुझे सतायेगी
कल मिरे पेड़ भी बड़े होंगे

دھوپ کب تک مجھے ستائے گی
کل مرے پیڑ بھی بڑے ہونگے

Dhoop kab tak mujhe sataayegi
Kal mire per bhi bare honge

पागल सी एक लड़की ने शाइर बना दिया
ये शायरी भी है उसी पागल की ओढ़नी

پاگل سی ایک لڑکی نے شاعر بنا دیا
یہ شاعری بھی ہے اسی پاگل کی اوڑھنی

Paagal si eik larki ne shair bana diya
Yeh shaairi bhi hai usi paagal ki orhni

आप से मिलकर बहुत जी खुश हुआ
फिर मिलेंगे अब इजाज़त दीजिये

آپ سے ملکر بہت جی خوش ہوا
پھر ملیں گے اب اجازت دیجئے

Aap se milkar bahut jee khush hua
Phir milenge ab ijaazat deejiye

ग़मो ख़ुशी इसी कमरे में साठ साल रहे
बिछड़ गये हैं तो मुझको कुई मलाल नहीं

غم و خوشی اسی کمرے میں ساٹھ سال رہے
بچھڑ گئے ہیں تو مجھکو کوئی ملال نہیں

Gamo khushi isi kamre mein saath saal rahe
Bichhar gaye hain to mujhko koi malaal nahin

मुझे पतझड़ों की कहानियाँ न सुना सुना के उदास कर
नये मौसमों का पता बता जो गुज़र गया सो गुज़र गया

مجھے پت جھڑوں کی کہانیاں نہ سُنا سنا کے اُداس کر
نئے موسموں کا پتہ بتا جو گذر گیا سو گذر گیا

Mujhe patjharon ki kahaaniyaan na suna suna ke udaas kar
Naye mausamon ka pata bata jo guzar gaya so guzar gaya

सुब्हे विसाल पूछ रही है अजब सवाल
वो पास आ गया कि बहुत दूर हो गया

صبح وصال پوچھ رہی ہے عجب سوال
وہ پاس آگیا کہ بہت دور ہو گیا

Subhe wisaal poochh rahi hai ajab sawaal
Woh paas aagaya ki bahut door ho gaya

आज कमरे में नहीं बैठने वाला मौसम
बर्फ़ गिरने की ख़बर गर्म है घर से निकलो

آج کمرے میں نہیں بیٹھنے والا موسم
برف گرنے کی خبر گرم ہے گھر سے نکلو

Aaj kamre mein nahin baithne waala mausam
Barf girne ki khabar garm hai ghar se niklo

फूल जैसे ख़ूबसूरत ग़म मिले
ज़िन्दगी से क्या गिला शिकवा करें

پھول جیسے خوبصورت غم ملے
زندگی سے کیا گلہ شکوہ کریں

Phool jaise khoobsurat gham mile
Zindagi se kya gila shikwa karen

इक परिन्दा उदास बैठा था
शाम के साये आस पास रहे

اک پرندہ اُداس بیٹھا تھا
شام کے سائے آس پاس رہے

Ik parinda udaas baitha tha
Shaam ke saaye aas paas rahe

कुछ दिनों के बाद पीपल की तरह पूजेंगे लोग
हम खड़े हैं और गुज़रे जा रहे हैं क़ाफ़िले

کچھ دنوں کے بعد پیپل کی طرح پوجیں گے لوگ
ہم کھڑے ہیں اور گزرے جا رہے ہیں قافلے

Kuch dinon ke baad peepal ki tarah pujenge log
Ham khare hain aur guzre ja rahe hain qaafle

मैं दुनिया की हद से बाहर रहता हूँ
घर मेरा छोटा है लेकिन ज़ाती है

میں دنیا کی حد سے باہر رہتا ہوں
گھر میرا چھوٹا ہے لیکن ذاتی ہے

Main duniyaan ki had se baahar rehta hun
Ghar mera chhota hai lekin zaati hai

अजीब शख़्स है नाराज़ होके हँसता है
मैं चाहता हूँ खफा हो तो वो ख़फ़ा ही लगे

عجیب شخص ہے ناراض ہوکے ہنستا ہے
میں چاہتا ہوں خفا ہو تو وہ خفا ہی لگے

Ajeeb shakhs hai naraaz hoke hansta hai
Main chaahta hun khafa ho to woh khafa hi lage

बड़ी आग है बड़ी आंच है तिरे मयकदे के गुलाब में
कई बालियां, कई चूड़ियां यहाँ घुल रही हैं शराब में

بڑی آگ ہے بڑی آنچ ہے ترے میکدے کے گلاب میں
کئی بالیاں کئی چوڑیاں یہاں گھل رہی ہیں شراب میں

Bari aag hai bari aanch hai tire maikade ke gulaab mein
Kai baaliyan, kai chooriyan yahaan ghul rahi hain sharaab mein

ये दिल है कमरे की बत्ती बुझाके सोता है
मगर दिमाग़ का हम Main off करते नहीं

یہ دل ہے کمرے کی بتی بجھا کے سوتا ہے
مگر دماغ کا ہم Main off کرتے نہیں

Yeh dil hai kamre ki batti bujhaake sota hai
Magar dimaag ka ham "main off" karte nahin

हज़ारों शैर मेरे सो गये काग़ज़ की क़ब्रों में
अजब माँ हूँ कुई बच्चा मिरा ज़िन्दा नहीं रहता

ہزاروں شعر میرے سو گئے کاغذ کی قبروں میں
عجب ماں ہوں کوئی بچہ مرا زندہ نہیں رہتا

Hazaaron shair mere so gaye kagaz ki qabron mein
Ajab maan hun koi bachcha mira zinda nahin rahta

मिटा दिये हैं सभी फ़ासले मोहब्बत ने
मिरा दिमाग़ धड़कता है मेरे दिल की तरह

مٹا دیئے ہیں سبھی فاصلے محبت نے
مرا دماغ دھڑکتا ہے میرے دل کی طرح

Mita diye hain sabhi faasle mohabbat ne
Mira dimaag dharakta hai mere dil ki tarah

ये भी पानी है मगर आँखों का ऐसा पानी
जो हथेली से रची मेंहदी छुड़ाकर ले जाय

یہ بھی پانی ہے مگر آنکھوں کا ایسا پانی
جو ہتھیلی سے رچی مہندی چھڑا کر لے جائے

Yeh bhi paani hai magar aankhon ka aisa paani
Jo hatheli se rachi menhdi chhura kar le jaay

कभी कभी तो मिलो यार दुशमनों की तरह
बहुत ख़ुलूस भी जां का अज़ाब लगता है

کبھی کبھی تو ملو یار دشمنوں کی طرح
بہت خلوص بھی جاں کا عذاب لگتا ہے

Kabhi kabhi to milo yaar dushmanon ki tarah
Bahut khuloos bhi jaan ka azaab lagta hai

वो और होंगे जो दीवारो दर सजाते हैं
मैं उसके घर में नहीं उसके दिल में रहता हूँ

وہ اور ہوں گے جو دیوار و در سجاتے ہیں
میں اسکے گھر میں نہیں اسکے دل میں رہتا ہوں

Woh aur honge jo deewaaro dar sajaate hain
Main uske ghar mein nahin uske dil mein rahta hun

वही लिखने पढ़ने का शौक़ था वही लिखने पढ़ने का शौक़ है
तिरा नाम लिखना किताब पर, तिरा नाम पढ़ना किताब में

وہی لکھنے پڑھنے کا شوق تھا وہی لکھنے پڑھنے کا شوق ہے
ترا نام لکھنا کتاب پر، ترا نام پڑھنا کتاب میں

Wahi likhne parhne ka shauq tha wahi likhne parhne ka shauq hai
Tira naam likhna kitaab par, tira naam parhna kitaab mein

वो बदन सुख़न का जमाल है, वो जमाल अपनी मिसाल है
कुई एक मिसरा न कह सका कभी इस ग़ज़ल के जवाब में

وہ بدن سخن کا جمال ہے، وہ جمال اپنی مثال ہے
کوئی ایک مصرعہ نہ کہہ سکا کبھی اس غزل کے جواب میں

Woh badan sukhan ka jamaal hai, woh jamaal apni misaal hai
Koi eik misra na kah saka kabhi is gazal ke jawaab mein

ये इनायतें ये नवाज़िशें तिरा शुक्र कैसे अदा करूँ
सरे राह फूल बिछा दिये मेरे आंसुओं के जवाब में

یہ عنایتیں یہ نوازشیں ترا شکر کیسے ادا کروں
سرِ راہ پھول بچھا دیئے مرے آنسوؤں کے جواب میں

Yeh inaayaten yeh nawaazishen tira shukr kaise ada karun
Sare raah phool bichha diye mire aansuon ke jawaab mein

पत्थर के जिगर वालो ग़म में वो रवानी है
खुद राह बना लेगा, बहता हुआ पानी है
پتھر کے جگر والو غم میں وہ روانی ہے
خود راہ بنالیگا بہتا ہوا پانی ہے
Patthar key jigar waalo gam mein woh rawaani hai
Khud raah bana lega bahta hua paani hai

ग़ज़ल के मंदिर में दीवाना मूरत रखकर चला गया
कौन इसे पहले पूजेगा बहस चली देवताओं में
غزل کے مندر میں دیوانہ مورت رکھ کر چلا گیا
کون اسے پہلے پوجے گا بحث چلی دیوتاؤں میں
Gazal ke mandir mein deewaana moorat rakh kar chala gaya
Kaun ise pahle poojega behs chall deolaaon mein

☆☆☆

मैं उसका फूल हूँ लेकिन खिला हूँ जंगल में
हवा की तर्ह वो आये तो मैं बिखर जाऊं
میں اس کا پھول ہوں لیکن کھلا ہوں جنگل میں
ہوا کی طرح وہ آئے تو میں بکھر جاؤں
Main uska phool hun lekin khila hun jangal mein
Hawa ki tarh woh aaye to main bikhar jaaoun

मैंने दो चार किताबें तो पढ़ी हैं लेकिन
शहर के तौर तरीक़े मुझे कम आते हैं
میں نے دوچار کتابیں تو پڑھی ہیں لیکن
شہر کے طور طریقے مجھے کم آتے ہیں
Main ne do chaar kitaaben to pari hain lekin
Shehr ke taur tareeqe mujhe kam aate hain

क्यों हवेली के उजड़ने का मुझे अफ़सोस हो
सैकड़ों बेघर परिन्दों के ठिकाने हो गये
کیوں حویلی کے اجڑنے کا مجھے افسوس ہو
سیکڑوں بے گھر پرندوں کے ٹھکانے ہو گئے
Kyun haweli ke ujarne ka mujhe afsos ho
Saikaron beghar parindon ke thikane ho gaye

कुई हाथ भी न मिलाएगा जो गले मिलोगे तपाक से
ये नए मिज़ाज का शहर है ज़रा फ़ासले से मिला करो

کوئی ہاتھ بھی نہ ملائے گا جو گلے ملوگے تپاک سے
یہ نئے مزاج کا شہر ہے ذرا فاصلے سے ملا کرو

Koi haath bhi na milaayega jo gale miloge tapaak se
Yeh naye mizaaj ka shehr hai zara faasle se mila karo

☆☆☆